香港寻书

香港寻书

李广宇 著

法律出版社

目 录

MERLIN

大角咀

在深圳湾通关后换乘一辆终点站九龙塘的大巴进港，一路山海交错，满目葱翠，约一小时即进入九龙。有一站下人多，跟着人流也就下来了，打上的士一问，原来这站就是旺角。拐过几条街，就到了大角咀，在红茶馆酒店下车，旁边正是我预订的悦思公寓。斗室之小早有心里准备，睡床虽窄，也由办公室沙发提早适应。劏房生活就这样开始了。

略事收拾，即到周边熟悉地形。我赁屋的悦思公寓，是在晏架街与橡树街的交叉口。周边的街道，差不多全是以树木命名，像什么榉树街、铁树街、杉树街、枫树街、槐树街、榆树街、松树街、棕榈街、洋松街、樱桃街、菩提街、合桃街，听起来很有诗意，但临街却

多是没有什么诗意的车房和五金店铺。原来，近百年前，政府开发大角咀，将此地的村落拆除，发展成以船坞和五金工场为主的工业区，虽然以后工业北移，但往昔的残留却未完全抹去。樱桃街以西，是被称作“奥运”的填海区，簇新的临海豪庭与大角咀这边破旧的老街形成鲜明的对比。填海以前，大角咀地方本是九龙半岛西部的一个海岬，走在窄窄的老街上，不禁想象起往昔的情形，远处该会有很多船，船声也会在耳畔响个不停。

下午冒着大雨去香港城市大学报到，校址在笔架山麓的达之路，依山而建，高低错落。下车的地方是一个小小的环形广场，四面围拢着几座学术楼。校园虽则小得有些可怜，学术楼内部却是个大世界。看见了邵逸夫图书馆和图书馆对面的书店。同学们陆续赶来集合，法律学院行政主任海伦虽然与我们未曾谋面，却能一一叫出我们的名字。学院给我们派发了八达通卡，这就是今后的交通工具了。

还在北京的时候，贺欣教授就发来邮件，布置阅读书目，指定的是《研究是一门艺术》，晚上就看了几章。这书是芝加哥大学三位写作课老师布斯、卡洛姆、威廉姆斯联手打造的，英文版销量超过四十万。汉译译者也是三位老师，台湾成功大学的陈美霞、徐毕卿、许甘霖。书的要旨就是指导教师如何让学生的论文改了又改。作者在修订前言中讲了一个真实的故事：作者之一的布斯（Booth）接到一位从前的学生的电话。就像Booth其他学生一样，Booth过去曾经要求这个学生一而再、再而三地修改他的论文。这个学生现在已是一个四十多岁的专业人员。他在电话中告诉Booth他前一天晚上做的一个梦："你在天堂入口的珍珠门，站在守卫的圣彼得之前，希望能获准进入。圣彼得看着你，犹豫不决，最后说道：'对不起，Booth，我们要你再修改一次！'"

二〇一三年九月十五日

邵逸夫图书馆

一早起来去城大，出门前，先拿地图明确了一下方位，三拐两拐，加上一位热心的香港大姐的引领，很容易就找到了旺角地铁站，给八达通充上值，就去找观塘线，经太子、石硖尾，三站地就到了九龙塘。由C出口进入又一城商场，上两层扶梯，穿过一个过街隧道，直接就进入了城大。法学院在第一学术楼的五楼，走廊墙上挂着不少法治题材的漫画，颇有一些意思。在一间会议室办理了入学注册。中午有个把小时的自由时间，就去逛城大的书店。午后一时左右，到邵逸夫图书馆，法律图书馆的管理员刘女士给我们讲解如何利用图书馆。她说，城大图书馆共有纸质藏书一百万册，ebook则有两百万。法律图书馆有纸质书十一万和二十四个数

据库。普通法是其专长，更有英国珍本书特藏。走进图书馆，其空间之宏大、藏书之浩瀚、设施之先进、氛围之热烈，直令人感到渺小和沮丧。此时的心情，恰如法学院王贵国院长稍后所言：数数天上的星星，你会知道自己仅知道当中的一两颗而已。下午五点，中国法官法学博士课程开班典礼在城大郑翼之楼隆重举行。

二〇一三年九月十六日

城大书店

城大书店，为商务印书馆所开，不大不小，风格明快。英文中文各占半数。中文当中，港台为主，内地为辅。作为大学书店，自然以学术教辅为主干，但社科人文也不少，亦搭售少许生活励志方面的读物。当然，文具也占据了一个角落。法律图书，总有四五架，以外文居多，多为大部头，品相颇不坏，但四五百港币的定价，绝对令人知难而退。有几种与书有关的书，有些意思。

《书店不死》，日人石桥毅史著，台湾时报文化二〇一三年初版一刷。日文版原名“本屋”，指

的是那些隐于巷弄或者公寓楼上、有的挂牌有的甚至连附近居民都搞不清楚的特色小书店。书里描述了八间独立“本屋”和它们的男女主人的动人故事。也开了一间自己的小书店的银色快手在以《遍地开花的书店精神》为题的推荐序中说：“我甘心默默守着小书店的火把，不让他熄灭。”此所以为“书店不死”。

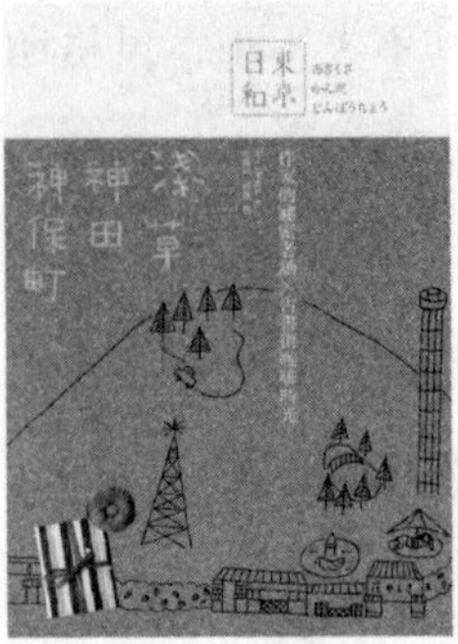

《东京日和：浅草·神田·神保町》，台湾自由之丘文创事业二〇一二年出版，由开店的老板滝村美保子和插画家松尾美幸联手创作，写的是浅草、神田、神保町的小巷风情。那里到处是旧书店和老餐厅。有趣的是，神田神保町旧书店街的由来，最早还可以溯源到法律书店。书中说，明治时代，这附近成立了数间法律学校之后，接着出现贩售法律书籍给学生的书店。以后其他书店也加入进来，聚沙成塔，也就形成了书店街。

《活在书堆下：我们怀念罗志华》，叶辉、马家辉编，香港花千树出版有限公司二〇〇九年初版二刷。罗志华是香港爱书奇人，亦曾开过一家青文书屋，但并不景气。书店也就被迫关张，书都运到大角咀的一间仓库。二〇〇八年除夕夜前，他一人在仓库理书，竟被整整二十箱书活活砸死，两周后才被发现。本书就是港岛书友们对他的忆念。青文书屋标志着香港二楼书店的启蒙时代，因而书里也就不乏有关香港二楼书店的珍贵史料。潘诗韵的《香港二楼书店简史》说：在香港这个弹丸之地，二楼书店早在五十年代即已出现，现存历史最久的当是田园书屋。二楼书店多是苦力支撑，当年有家“前卫书店”曾在门口张贴这样一张告示：“请勿于乞丐钵里抢饭吃！要偷书请到辰衝去偷！”

还买到一册《沦陷时期香港文学作品选—叶灵凤戴望舒合集》，卢玮銮、郑树森主编，熊志琴编校，香港天地图书有限公司二〇一三年初版。叶、戴早在上海

就是莫逆，香港沦陷时期更是结为生死之交，两人也都纠缠于沦陷时期是否“附敌”的历史公案。书中收入的叶夫人赵克臻致罗孚的信件和朱鲁大《日本宪兵部档案中的叶灵凤和杨秀琼》一文，对于还原历史真相，应当颇有裨益。首次发表的叶灵凤沦陷时期日记，亦能透露那个灾难岁月里他的些许心迹。

二〇一三年九月十六日

诚品书店

竟日连轴转，身体的疲惫可想而知，早晨一睁眼，已过八点，匆匆冲个澡，换上正装，便去旺角赶地铁。从出门到进入城大的郑翼之楼，也只花了半小时。正赶上会前的茶点，一杯咖啡，两枚烧麦，解决了口腹问题。九时半，第五届纽黑文法理学派国际会议开幕。主办会议的是王贵国教授和他的老师、耶鲁法学院的 Michael Reisman 教授。Reisman 很有几分鹤发童颜的味道。会议话题基本是国际法和国际贸易法领域，索性不戴同传耳机，练练听力。一直开到午后一时半，才去午餐，头盘主餐甜点咖啡，一道道地等，差点儿睡过去。

三点继续开会，听了大半，离席奔中央政府驻港联络办。港铁调景岭线坐到旺角，转荃湾线到中环下车，出站正是干诺道，看看时间尚早，逛了一家香港图书文具有限公司（后来知道是辰衝书店的分店），几乎全是英文书，中文书寥寥半架而已。问店员中文书是不是只有这些，她说是的，我们是英文书店。书店出来开始找中联办，一位只会说粤语的老太告诉我还很远，要打的过去。的士果真走了好大一会儿，看路标都快到了薄扶林道附近，这可是戴望舒住过的地方，它日当专来一游。好不容易找到中联办大门，竟忘了带证件，门卫让我先到大堂坐，打电话找人接。一会儿端洪兄就下来了，先带我到路边抽烟，指着高处的山说，港大就在上头。随后主人陪我们领导登上三十八楼圆厅，三百六十度鸟瞰香港，中环金钟一带简直就是楼宇组成的森林。

晚餐结束后送走领导，看看还只八点多，决定顺路去铜锣湾找诚品书店。坐上电车，晃晃荡荡好多站，才到了铜锣湾，下车来正是怡和街与糖街交界的商务印书馆旗舰店铜锣湾图书中心。营业面积共五层，转了其中的两层。两岸三地的文学书种类不少，法律书只一两架，本岛出品很少，半数竟来自内地。艺术图书亦不可观。向收银员询问诚品书店的位置，她倒很爽快地告诉我，出门右转，就在崇光百货的对面。在一位大妈的热心指点下，终于找到了。原来是在轩尼诗道的希慎广场内，诚品占据了其中的八到十层。相比之下，尽管刚才的商务还算优雅宁静，但充其量也属中规中矩；诚品则充满时尚元素，不独店面，就是书的样子，好像也漂亮许多。不过，真心想买的，毕竟不多。回寓已近夜半，躺到床上的感觉，舒服死了。

二〇一三年九月十七日

叶壹堂

今天仍是一天的纽黑文法理学派国际会议。报告的内容主要集中在国际投资、贸易自由、世贸规则、仲裁调解等议题，仗着曾随团到日内瓦参加过 WTO 年度审议，也负责过零星与 WTO 有关的法律工作，总算不是完全陌生，但还是想努力在这些话题中寻找哪怕一丝一点的与公法的契合点。城大法学院教授 Anton Cooray 主讲的题目是对政府的司法尊重：司法能动的限制。我想发表评论，指出这恐怕并非放之四海而皆准的命题。当一地政府对违法行政习以为常、对干预司法乐此不疲时，司法的功能恰恰需要强化。而且，他引为例证的一个英国的信息自由方面的判例，用在此处也实在难称恰当。但身为列席人员，在一干顶尖法学家面前，总算保持住克制，没有张口。在大家昏昏欲睡之时，马来西亚一个候选博士的报告颇令全场振奋，他报告的题目是，伊斯兰世界应该推行一夫多妻。来自西方的几个学者，兴奋之余也在质疑：为什么不能是一妻多夫？

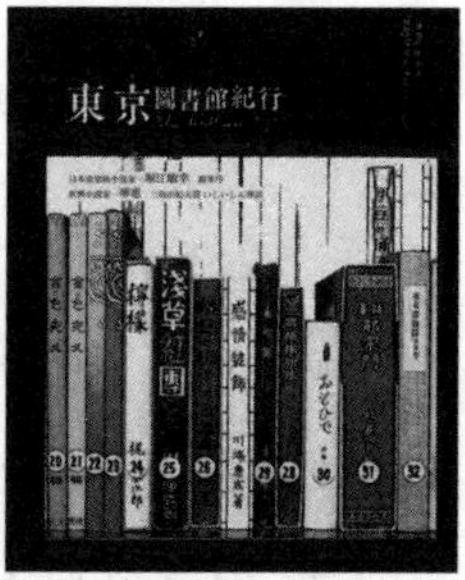

午饭在又一城里的小意大利餐厅（Amaroni's），情调当然不错，但令我兴奋的是，它的旁边就是一家规模颇大的叶壹堂（Pageone），于是，交待好同学替我点餐，便转身钻进了书店。店面不小，情调不俗，港台国外的书当然比北京的店多了去了。问收银我在北京的会员卡可否通用，她敲完电脑说查不到我的资料，不过，非会员这里也打九折，其实相当于北京的会员待遇了。收获的还是老主题。一是《东京图书馆纪行》，台湾城邦文化事业有限公司二〇一三年初版，作者是玄光社 mook，精装彩印，自是不俗，有趣的是，还在封底里侧粘上一个图书馆里常见的橙黄色小纸口袋，插在袋里的借书卡上甚至还填写着还书日期，当时吓我一跳，以为不小心买了一本图书馆流落出来的二手书。本书图文并茂地讲述了东京三十间著名图书馆令人流连忘返的风景。东京不仅不乏历史悠久的的图书馆，各种专业图书馆也是五花八门，举凡文学、美术、写真、漫画、电影、戏剧、纸张、印刷、邮票、广告、饮食、天文、杂志，真是应有尽有。二是《二手书店的旅行》，台湾电脑文化/创意市集二〇一一年初版。介绍了台北、台中、台南、高雄、花莲二十六家富于特色的二手书店，其中只有台南的草祭二手书店我到过，还不巧赶上了闭店装修，聊以自慰的是与身穿工服的老板蔡汉忠站在店门外一通聊书。草祭注重收集

台湾文学初版书，仅杂志创刊号就集了几千本。不知何时再有机会去逛。三是《巴黎文学散步地图》，台湾猫头鹰出版二〇一二年印行，淡雅的封皮上印着这样一句话：“在巴黎，每个看似不经意的角落，不起

眼的建筑，都可能曾有某位作家停驻的身影。”作者缪咏华就在他的散步中为我们遴选了七十多位文学家、五百多个地址、四百多张图片。当中果然找到了费兹杰罗。他的《大亨小传》正是在巴

黎的两世界旅馆完成，但他的妻子萨尔姐此时却跟法国海军飞行员堕入情网，让他大伤脑筋。

叶壹堂本来是一家新加坡小店，成立于一九八三年。现在，已在北京、台北、香港、杭州、深圳开了多家规模宏大、风格时尚的零售店。三里屯的 Pageone，是我最喜欢的北京书店，尤其喜欢的是那里的艺术设计类书、港台版书以及连三联书店和万圣书园都不具备的情调。在香港，叶壹堂零售店遍布在赤腊角的香港国际机场、九龙塘的又一城、尖沙咀的海港城、铜锣湾的时代广场。看来，开在大商城里，似乎是 Pageone 的一贯风格。这一财大气粗的做派一直延伸到了台北，据说那里的分店开在了一〇一大楼！

下午的会议非常热烈。王贵国教授在答问时指出：作为一个学者，不应只是遵循纸上的规则，还要看看社会的目标。面对究竟什么是纽黑文学派要义的质询，他的恩师 Reisman 抓过话筒替自己的学生挡架，老先生说：按照纽黑文学派的方法论，不会上来就坚持一个观点，我们会追寻着目标，逐一分析各种因素的得失后果，最终达致价值最大化、冲突最小化。作为会议主办者，刚刚卸任香港城市大学法学院院长的王贵国在闭幕辞中感谢了所有应当感谢的人之后，突然说："忘了感谢一个最应当感谢的人，这次会议本来都是他具体操办的，他把二十多年最好的时光全部献给了城大法学院。作为院长，无论要指派什么脏活累活，我第一个想到的肯定是他。如今，他要退休了，我也不当院长了，都轻松了。他就是出生于斯里兰卡、长期担任我的副手的 Anton Cooray。"突然，王贵国变戏法一样拿出一本书，说："是美女老师杨帆出主意，瞒着 Anton 编印了这样一本纪念文集，以纪念他的退休和六十五岁生日。目前，这本书只赶印出一册，在世界上还是孤本。"二十几年的珠联璧合，一朝同进退，又给了吃苦耐劳的好兄弟这样一个充满尊荣的惊喜，真把会议推向了一个高潮。在城大出版社社长和杨帆上前与两位老院长合影之后，我赶快过去拍下了这本满浸着浓浓友情的孤本的书影。老实巴交的 Anton 搓着手一再跟我嘟囔：“我一点儿都不知道，我一点儿都不知道！”

二〇一三年九月十八日

The Purple Book

昨晚彻底睡了个完整觉，今晨醒来把几件衣服洗了。虽然今天是中秋节，可在节日当天学校并不放假。午前十一点赶到法学院，听关文伟老师给大家介绍课程安排和纪律要求。他说，对你们和普通学生同样要求，你们拿到的学位才不会打折。顿时感到莫大的压力。随后，正式发了城大的学生证。下午两点，开始第一堂课，贺欣教授的高级法学理论和研究方法，一堂课听下来，真切迎来颠覆性的崩溃，再联想起中午在图书馆的梭巡，在浩瀚的学问世界面前，真有些无所措手足的感觉。晚上全班初次餐聚，推杯换盏之间，心里一直放不下的仍是这份沉重的压力。

睡前翻阅那天在铜锣湾诚品书店买的画册 *The Pur-*

ple Book（《紫面志》）。初看上去都像是Vania的画，细看好像又不全是，实际是一部包括Vania在内的多名艺术家的插图选集，书的副题是"当代艺术和插图中的象征主义和情色"。与Vania的画风相同，都是那种唯美、梦幻、性感却又病态的情调。据出版商介绍，书里的许多图版都是首次印刷。为什么叫紫色的书？原来是由流行于一八九〇年代的《黄面志》（*The Yellow Book*）脱胎而来。《黄面志》是十九世纪末期英国最重要的文学刊物，是世纪末唯美主义和颓废文学的代表。因为当时法国的小说都是黄色封面，于是《黄面志》也对此效仿，每一期封面都用黄色作底色，上面印着精致的黑色线条画。最开始的几期，封面都是比亚兹莱的作品，他曾是《黄面志》最初的美术总监，在杂志上刊出了不少自己的插画。早年鲁迅、郁达夫曾经向中国读者推介比亚兹莱堕落、腐朽、唯美的颓废主义画作，叶灵凤更是大加

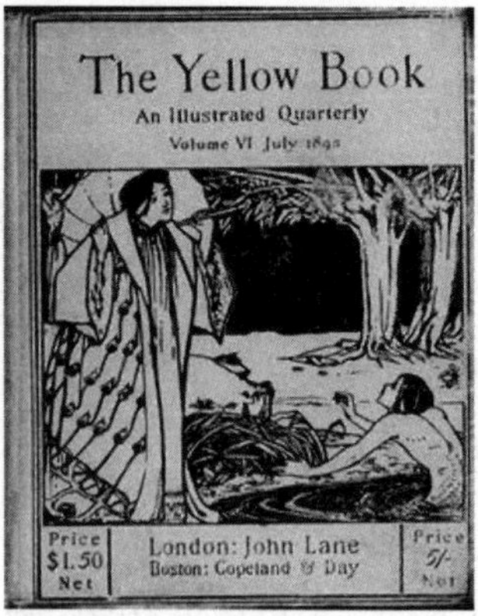

模仿，也因此被鲁迅讥讽为“生吞琵亚词侣”。我因叶氏的原因也开始对比氏痴迷，一九九三年还幸运地在纽约公共图书馆见到了《黄面志》的实物。这本《紫面志》，由 Angus Hyland 和 Angharad Lewis 合编，伦敦的 Laurence King Publishing 于二〇一三年出版。编者说，与黄色代表大胆的淫荡相比，紫色则象征着绚烂和性感。

二〇一三年九月十九日

旺角的书肆

今天起三天中秋小长假，起来整理一下内务后便背包出去。赁屋旺角，当然先要从身边开始熟悉。据说，旺角本名芒角，一八一九年嘉庆《新安县志》始载“芒角村”。根据地理形势，“芒角”之名，可能是取义为“芒草生长的山角”。芒草是一种高大草本植物，与甘蔗是近亲。可以遥想当年，笔架山下溪水潺潺，海边小岗上长满翠嫩的芒草。后来城市开发了，居民就将“草头从亡”的“芒”改作“旺”，希望这个角落兴旺起来。此后，这个原来的海角小岗也果然成为九龙的中心和人口最为稠密的地方。

从港铁旺角站上行一站，就是太子。所谓的太子，是指英国爱德华王子，因他曾于一九二二年访港，就以

一九七〇年代的西洋菜街

他的名字命名了一条“宜华径”，两年后改称英皇太子道，二战后更简化为太子道。出地铁太子站东行，依次走过西洋菜街、通菜街、花园街，最后来到花墟道。果然名如其实，满街都是花卉，比旺角闹市那边幽静清新多了。一边走，一边觉得这一带的地名好玩儿，回来查资料，原来其中大有文章。早年，芒角还有耕地，就利用较干旱的部分种植花卉和蔬菜。新界那边的华人花农每日清晨也担运鲜花越过界限街的边境关卡到这边摆卖，慢慢就形成一个花墟。当时种植的蔬菜主要是通菜与西洋菜，后来就都用作了街名。

叶灵凤的《香港方物志》就有一篇《西洋菜》，细说了西洋菜的来由：

> 顾名思义，西洋菜是来自西洋的。本地人惯称葡萄牙为西洋，西洋菜虽非传自葡萄牙，但香港的西洋菜首先移植自澳门，则大约是事实。因为澳门在明末就已经成为葡萄牙的殖民地了。九龙有一条西洋菜街，就因为那一带从前多是西洋菜田，现在则一天一天迁到市外远处去了。
>
> 有一个故事，说西洋菜是由一个患病的船员从一座无人的孤岛上移植来的，因为这个人患肺病，一人留在岛上，吃了这种野生的“水草”居然不死，后来便将它移植到澳门，所以名为西洋菜。这个故事恐怕只是“故事”而已。至少在英国乡下，已久已有人用水田种植西洋菜，他们称之为Watercress，视为可供生吃的蔬菜之一。
>
> 西洋菜有水旱两种，本港是用水种的居多，即

种在五六寸深的水田内，任它蔓延，然后摘取较嫩的枝叶出售，割了之后它又可以继续生长。因此西洋菜在香港几乎是四时不断的，但最肥美的是从初冬到春末。

我来这里，并非赏花吃菜，是因为听说这几条街上书店很多，但走了好远，等开始看到书店时，才发现又回到了旺角这边。首先在通菜街口找到了天地图书。天地图书既卖书又出书，旗舰店应该在湾仔的庄士顿道，旺角这家规模也算可以，除了卖天地自版书，也卖别家书，文学政经史地之外，亦有不少命理风水、宠物花卉之类。我比较侧重关注香港史地方面的著述，叶灵凤的几本架子上都有，但我早就收藏了。近人方面，有一位笔名陈云的比较活跃，好几本全是追怀香港往昔的文字，制作也属不俗，但因偏于主观感性，没有太大买下的必要。相比之下，饶玖才的《香港的地名与地方历史》，似乎更有文史价值。

通菜街南端，是著名的女人街，密密匝匝的小商品在街上摆得遮天蔽日，应该不会有什么书店了。转到相邻的西洋菜南街，一眼望去，满街全是书店的幌子，心想终于碰上书店街了。从博学轩开始看起，依次是尚书房、国风堂、开益书店、榆林书局、田园书屋、春藤书坊，有几家专门卖教材的，还略过未进。这些店都是所谓的二楼书店，要爬一层或两层上去，店面也就是一个住家的单元。有的布置得整齐一些，更多的就不太讲究了。一般都是兼售两岸三地，其中“国版”占了较大比重。从其来路看，大抵是淘宝当当亚马逊网订，深圳集货，再运至香港，有的店还打出了隔日进货的招牌。图书品种上，有的学术气重一些，快接近我们的独立书店了；有的侧重期刊杂志；还有的则几乎全是语言学习考试用书和软件 DVD，那感觉，很像我们在内地常见的烂到家的图书批发市场。

洗衣街一一三号还有一家世界书局，但大门紧闭，估计是中秋假期歇业。西洋菜街上据说还有乐文书店、梅馨书舍、新亚书店等好几家，但实在转不动了，决定以三联书店结束今天的访书之旅。旺角三联，店设新世纪广场。拾级而上，沿着露天铁轨一路前行，就到了旺角东站。据说，旺角的发达几乎全赖当年九广铁路的开通，现今的旺角东站在当时称作油麻地火车站，新世纪广场就在它的旁边。乘扶梯上到二楼，很容易就找到了三联。店面适中，环境也还可以。从宣传品得知，香港、九龙、新界，三联共有十八家店，以前如雷贯耳的是中环域多利皇后街九号那家，但据说旗舰店却在新界的元朗青山公路，可能是冲着那里地价更便宜吧。

二〇一三年九月二十日

从北角到中环

网上有人说，北角有个掏书馆，能淘到民国的老书，挺勾人的，就决定今天进军北角。行前查饶玖才老先生的书，北角那地方原来叫七姊妹村，本是铜锣湾与鲗鱼涌之间的一处偏僻海滩，后来开路建厂，日见繁华。因了此处为港岛北岸位置最北的岬角，也就改名成北角（North Point）了。诗人也斯幼时曾住这里，他回忆说，“那时的北角，还遗留着（上世纪）五十年代小上海的痕迹，对从乡下出来的孩子，特别感到街道宽敞、清洁整齐。英皇道上还有高级的白俄餐厅温莎，橱窗里摆满巧克力、新鲜出炉的面包糕点、复活蛋和圣诞蛋糕，庆祝跟乡村不同的节日。上海店黄昏时生煎包出炉的香气，吸引了排队购买的人潮。”

明信片中的旧时中环

坐港铁荃湾线在金钟换乘港岛线，转瞬就到了北角。出站就是也斯笔下的英皇道，与之交叉的南北向一条小街，叫作书局街，但书局街并无书局，只是因为早年商务印书馆曾在此开办印刷厂，才留下这样一个雅致的街名。小街短得一眼能看到头，索性走上一个来回，看看有没留下商务的什么遗迹。向北走不几步，就到了海边，原来是北角轮船码头，隔着维多利亚湾正好看到尖沙咀的那片高楼。码头上有一个海鲜市场，各类带壳海鲜铺地摆开，把空气搞得腥腥的。往南走，更短，很快就被山坡阻隔，有一个上山的石阶，入口处刻着香花径的字样，拾级而上，草木葱茏，走起来十分惬意，猜想上面无非是民居，因此走过一程，也便折返下来。

沿英皇道西行，走不几步，就碰上一家商务印书馆，进去扫射一圈，也不见有多少特色，书也还是那些书，只有一本《香港美术史》，还算新鲜。虽说是香港三联出版，作者朱琦却是内地人，本书系在他的博士论文的基础上加工而成，故此严谨有余，趣味不足，图版也太少了些。据书中记载，叶灵凤在战时的香港尚参加过一些与漫画木刻有关的活动。例如，叶浅予于一九三九年抵港后，着手组织了“全国漫画协会香港分会”，聚会之所设在他和张光宇等人租住的坚道十三号A，叶灵凤和茅盾、胡风、戴望舒经常光顾这里，与漫画家一起谈画论艺、交流心得。一九四〇年，木刻家唐英伟组织了“中华全国木刻家抗敌协会香港分会”，会址也设在坚道十三号A。分会成立不久，即在坚道的中华中学举办了“纪念鲁迅六十诞辰木刻展”，展品中就包括叶

灵凤收藏的木刻作品。这段时间应该是叶灵凤非常惬意的时光，大批美术家北返之后，陪伴他的就只能是无人论艺的落寞了。

结账时跟店员聊起书局街，她竟知道她们公司的老掌故，但也确证已经没有什么遗迹可寻了。出商务后，按照网传掏书馆地址，很快找到了新时代广场，上楼一看，全是一家家分租的店铺，让保安带着找到了一五七号，不仅关着门，而且也分明不是书店了。看来，旧书店是很难维持下去的。继续西行，在大强街倏然发现了森记书局的招幌，来到英皇中心商场的地下，就看到森记书局和一家叫作铁道馆的二手书店相邻而开。书堆得顶天立地，品种无所不包。最大的特色是，满店全是上蹿下跳的猫，书架上还贴有一张告示，告诉那些专门来玩猫的：我们首先是一家书店，只不过养着一些猫。好奇地向看店的伙计请教，他指着一张中年女士的照片说，这就是我们老板，她专门收养流浪幼猫，目前店里足有三十多只。听完不禁莞尔，觉得书店这样开，也怪有趣。挑来选去，只买了一册牛津版董桥的《记忆的脚注》，是二〇〇五年的版本，封面贴有比亚兹莱为R. A. Walker设计的花园藏书票，扉页上又出现了一次。

说话间到了炮台山，走不动了，便跳上一辆双层有轨电车。这种老物什，几十年了，竟然还在高速运行。攀到上层，图个视野好，果然在湾仔的庄士敦道，就发现路边有一家陈湘记书局，到站赶忙跳下，进去只瞅一眼就失望了，一条龙的门面，文具杂货远比书多。好在不远处就是一家天地图书，二楼英文，一楼中文。只逛一楼。但见店面很大，却又用书架隔成了好些相对独立的单元，有些像芦苇纵横的湿地，颇具曲径通幽之趣。论到书的品种，也是很有气象，甚至还专门有一个图书研究的专架。见到谢其章在台湾出版的《蠹鱼集》，忍了忍没出手。另有徐雁等人编著的《中国图书文化简史》，卷尾还把我那本《书文化大观》列进了“深度阅读”书目，也是一笑而已。

再上电车，一路经过了中央图书馆、维多利亚广场、中银大厦，最终在中环下车，下来正好是域多利皇后街，远远就望见了三联书店。这家书店的店面分地下、阁楼和一层，中文居多，英文也有一些。有一个台子，号称每周国版图书展示。当中有一本上海人民版的《2010－2012 中国最美的书》，标价两百五十六港币，扯着塑封使劲想看看原价几何，总也不能如愿。无论多少吧，也犯不上在这儿买出口转内销的东西。

三联旁边，还有一家英文书店 Bloombury，研究了一番店招上的营业时间，判断今天是在休息，也便不再上楼。穿过皇后大道中，爬坡向半山上行，便到了摆花街，想找 Kubrick 和另一家书店，门房说里面已经没有卖书的了。悻悻地走向兰桂坊，但见夜幕初降，音乐已响，昏暗的酒吧里，迎门处已有闲闲地啜饮啤酒的男女。

晚上见到何帆兄的跟帖，说西洋菜街的田园书屋不错。昨天分明去过了，并没有眼前一亮的感觉。咳！书店跑多了也不好，没有哪家能打动你了。想起十几岁时第一次去老王府井书店，看到那么多令人眼花缭乱的书，兴奋得几乎要死。

二〇一三年九月二十一日

台风天兔

一早醒来，天气阴沉沉的。媒体称，台风“天兔”杀到，或造成风暴潮，但窗外的树，目前还是一丝也不动。连续两天兔子一样到处跑着逛书店，不仅把自己的胃口弄倒了，还把“天兔”给引来了。这样也好，把自己关在房里，伴着窗外稀里哗啦的雨声，潜心读了一天书。贺欣老师指定阅读的陈瑞华《社会科学方法对法学的影响》，尽管只有几十页，边读边想，竟也用了几个钟头。傍晚时，突然想去学校图书馆找几本书延伸阅读，看馆的老师却催我赶快离校，说“天兔”可能七点就到。地铁站内，预告台风将要来临的各种文字和声音的提示都做得非常周到、细致。在旺角出地铁，正是西洋菜街，想攀上楼梯重新审视一下何帆兄强力推荐的田园书屋，不想楼门紧锁，一会儿楼梯上下来一位老先生，边走边嚷："关门了！台风要来了！"这才感到台风可能真的要来了。放眼望去，街上行人渐稀，一片萧索，雨中急行，强风愣把雨伞吹成了喇叭花。

二〇一三年九月二十二日

乐文书店

一夜雨疏风骤，卫生间的百叶门都给吹得啪啪作响。早晨醒来，凭窗望去，雨歇风停。贺欣老师发来邮件，通知下午的课照上。看看课表，知道林峰署理院长的“行政法”快要开课了，上午就在寓舍读他那本《香港地区行政诉讼：制度、立法与案例》。

午前去学校，进旺角地铁站时，在西洋菜街六十二号的二楼，逛了一家乐文书店。虽说仍是一间面积不大的二楼书店，但就其含金量来讲，绝对不让三联、商务、天地、诚品。既有品相的不俗，又有内容的厚重。即便一些比较世俗的题材，也不乏几分文化的意韵在内。比如一本《AV 词典》，写的是不能再俗的日本 AV 文化，但设计干净典雅，写作的文风甚至直追陈原

《在语词的密林里》和周有光《语文闲谈》这类经典社会语言学著述。

令人兴奋的是，发现一本《你不可不知道的伟大插画家比亚兹莱》，台湾高谈文化出版，图版印制质量绝对超过所有经眼的中文版本。皇冠出品的安伯托·艾可的《植物的记忆与藏书乐》亦很有趣。拥有超过三万册藏书的艾可认为，很久以前，人们在植物做成的纸页上写字，而后纸页成书，书就是植物的记忆。这很有趣，也没有考证，“书”、“树”同音，是否也有什么渊源。还有一册女画家熊爱仪的《铜版画技法与藏书票艺术》，实为不甚多见的题材，惜乎杂志大小的开本不甚让人喜欢。我问店家，是不是以经营台版书为主，他点头称是，并说台版书一律八折。问他乐文是不是连锁，他说在铜锣湾还有一家。本想多聊一聊，怎奈他的香港话实在难懂，也便打住。

下午课上，讨论激烈。贺欣老师拿 Marc Galanter 的一篇经典论文作示范，讲解研究者应当具备的独特视角，言语间备极推崇。我请求他能将英文原作提供我们，很快他就发来邮件，七十一页的长文，密密匝匝，这可如何消化得了？

课后到图书馆看书，找来费孝通的《乡土中国》重读，对照贺欣所讲的研究方法，细细抠了五章。费老在重刊序言中倒确实提到了这几个要素：问题、提炼、概念、核实（也就是所谓的证伪吧）。但我在课上发言说，费孝通的文章通篇无注释，甚至有的纯用对话的方式，不也成了不朽的名著？贺欣的回答是，圣经可兰经的时代早已过去了。面前的两本《乡土中国》，都是香港三联版，一九八六年版的那本，正文是简体排版，疑是借用北京三联一九八五年版的纸型，到了一九九一年再版，正文就改作繁体横排了。

教科书读得人头大。睡觉前读几篇艾可换换脑筋。此君对藏书迷种种行状和心理的描摹非常令人心领神会。其中一段他说：

一个藏书家，尤其是那些收藏当代书籍的收藏家，会遇到有白痴到他家，看到满屋子的书，开口说："好多书哦！你都看过了？"我如果想要折磨访客，让他陷入错愕的痛苦中，就会说："我看过的都在学校，这些是我下礼拜要看的。"我在米兰的书有大约三万本，那倒霉鬼只好找借口说临时有事，提前告辞。

二〇一三年九月二十三日

Kubrick

上午没课终归是一件美事，但也不敢多睡。先在宿舍、后在图书馆，分两站看过了港大教授戴耀廷《司法复核与良好管制》一书十章中的四章。香港终审法院前后两任首席法官李国能和马道立，都对司法复核非常看重，但他们同时强调，法庭服务市民，并不是替他们解决政治、社会、经济问题。对此，戴耀廷认为，这只可能是他们的愿景，事实上特区法院是无办法不卷入这类争议的。这种对话，实际上反映了对司法复核功能定位的两派意见：是坚持司法自限，严格限定在合法性审查的狭窄范围，还是实行司法积极主义，更为广泛地介入到社会和政治事务当中？

下午仍是贺欣的课，结合他自己用社会学研究方法撰写的一篇论文以及他的美国老师用同样方法写的一篇研究犯罪率下降与罗伊案后堕胎合法化关系的论文，为我们讲解了统计学方法在法学研究中的运用范式。有启发，但大家对这类研究的价值仍有些许狐疑。

返寓时故意多坐一站，在油麻地下车，三拐两拐，找到了众坊街，在一个叫作骏豪花园的小区里，有一个土黄色的堡垒一样的建筑，底层依次开着麦当劳、百老汇电影中心和 Kubrick 书店。Kubrick 里面，一半是书店，一半是咖啡馆，书香和咖啡香混合在一起，真的是

一种非常醉人的味道。书的风格与北京店约略近似，内容上侧重文艺、电影、休闲和艺术设计，外表上偏好时尚和前卫。有一本李志铭编著的《装帧时代》（台湾行人文化实验室二〇一〇年初版一刷），介绍的是八名台

湾著名书封设计艺术家的设计作品，那种手工图绘，真的是质朴而又绚烂。李志铭在台湾有“书影侦探”的美誉，本来学的是建筑，却偏偏痴迷于书物。他的《半世纪旧书回味》和《装帧台湾》，也都是大美之作，我前两次去台湾时有幸都收入了囊中。在一个角落里，竟有整整一架关于书的书，英文、日文、华文，文字各有姿态，述说的却是相同的话题，都是与书有关的方方面面，单看《爱书狂贼》这样的书名，已经足以让人欣喜到抓狂！可惜，这样的好书，又如何能买得绝呢？

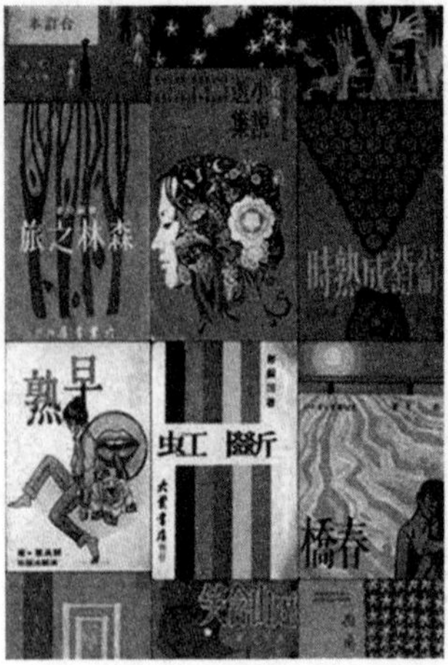

茶餐厅连吃了十天，开始还觉得新鲜好玩儿，慢慢就快有崩溃的感觉了。昨晚收工时，终于走进了超市，买下一只煮锅，一袋米，三袋方便面。回家把沉重的袋子一丢，就要开煮，突然傻眼了：锅不见了！认真一想，一路没作停留，只在那家包子铺买过四个菜肉包子，肯定是在那里上演了狗熊掰棒子的一幕。但实在没力气再返回去找了，心想，若是在那里，明天也会在。今天在油麻地，发现几条街都是卖炊具的，拣最便宜的，买下一碗一勺一筷，内心正是以锅还存在为前提。回到包子铺，老板娘往架下一指，果然在那里为我藏着。拎上锅，又买了一把青菜，李记粥面铺也就正式开张了。

二〇一三年九月二十四日

立法会

梁美芬教授今天上午开讲香港基本法。梁美芬，不仅是城大法学院副教授，还是香港立法会议员、执业大律师。她祖父那辈儿从广东移居香港，她本人在香港接受大学教育后，去内地的人民大学攻读宪法专业硕士和博士，师从的是许崇德和曾宪义。因了普通法和中国法的双重背景，梁教授解读起香港基本法来，就很有一些“双吃”的味道。

她说，基本法的起草过程，双方互有妥协，又各有后悔，根源还在对彼此法律文化的不熟悉。譬如，基本法一方面规定香港拥有独立的司法权和终审权，一方面又把基本法的解释权留给全国人大常委会，而在普通法里，法律的解释权与审判权是不能分离的。再如，基本法只规定终审法院和高等法院的首席法官必须由拥有中国国籍的香港居民担任，对其他法官则没有这个要求，外人就说：这是多么不可思议啊！有哪个国家允许外国人担任法官啊！我想，这不外是我们自己的法律文化在作怪，以为抓住院长就行了，院长肯定管得住法官。殊不知，在法治社会，每一位法官都相当于一个独立的酋长，靠院长的行政手段是难以左右法官的独立意志的。

课堂上，梁美芬还说，是当时的港督卫奕信，早早预见到回归后的需要，决定成立城市大学法学院，以培养精通内地和香港法律的专门人才，梁本人也缘此来到城大教书。这是富有远见之举，不管他根本的出发点是什么，对于香港的法学教育来说，总是功德无量的好事。卫奕信爵士是第二十七任、也是倒数第二任港督，他中文很好，还有个中文名字魏德巍。香港人似乎对他印象不坏，九龙群山里，辟有一条卫奕信径，就是以他的名字命名，他的继任者彭定康末代港督，就没有这个待遇了，只留下个“肥彭”的雅号。

下午，全班去金钟添马舰参访香港立法会。金钟地区过去是英驻军所在地，当年在维多利亚营房乐礼楼大门口，悬有一口金光闪耀的铜钟，中午、下午定时敲打，作为士兵午膳和放工的讯号，后来本地居民就将此地称作金钟。至于添马舰，原是英海军的一艘军舰，日本攻陷香港前夕，英军忍痛将其炸沉。战后，将新填出的海军基地命作“添马”，以为纪念。香港回归后，特区政府在这里兴建了立法会大楼，于二〇一一年投入使用。大楼功能齐全，尤为注重兴建供市民学生旁听、参观、教育的场所和设施，我们就看到一队幼儿园孩童在这里活动，一群中学生则在仿真议事厅里假扮议员进行模拟辩论。藏书颇有规模的立法会图书馆也对普通市民开放。大堂墙壁上还有一幅雕塑作品，刻画的是香港市民生活的众生相，题目就叫“人民”，人民在这里的确是畅行无阻的。

在一间会议室，香港立法会主席曾钰成先生亲自与我们见面座谈。曾主席清瘦干练，亲切随便，就如邻家大叔一般。他饶有兴致地讲起了立法会议上个别议员“拉布”的情形。什么叫“拉布”？会踢足球的曾主席说，这是一个足球用语，是指领先一方在最后阶段故意拖延时间。有的议员，眼见他反对的法案无法阻止通过，就开始“拉布”，也就是利用规则在那里反复发言，以求拖延时间。主席对此经常无可奈何，也确实影响了立法机构功能的发挥。但在去年，他果断终止了一次“拉布”行为，结果被“拉布”议员起诉到法院，请求司法复核。两审法院都没有支持起诉，他们认为，主席的决定并不违反法律，至于立法会议事规则是否合理，那是立法机构内部的事情，司法不予干涉。尽管如此，曾主席说他还是会慎重作出任何一个决定，因为你不能保证每一次决定都能得到法院的支持。至于立法机构对司法有什么制衡作用，曾主席说，我们尊重司法独立，不会对正在审理的案件发表任何看法。对于独立的法官推选委员会提名任命的法官，我们在审议时也只看白纸黑字上的条件是否合格，通常都是相当尊重的。

二〇一三年九月二十五日

梅馨书舍与序言书室

从立法会回去时，顺脚在地铁站旁的西洋菜南街六十六号逛了两家二楼书店。说是二楼，其实电梯里让按7字。一家是梅馨书舍，是地道的旧书店。陆蓓容曾在《都市周报》写道：前年TVB力推的《潜行狙击》，有一集讲古惑仔出入旺角，奔进西洋菜南街六十六号大厦，警员随即追去。人影一晃而过，门口招牌却在镜头里映得分明，端然是“梅馨书舍，按7字”。前些年，深圳的《晶报》也曾以《梅馨书舍：旺角闹市的一缕书香》为题作过特写。老板郑广文一九八七年从福州来港，在鞋厂作过工，二〇〇五年开了这家书店。刚开业时，旺角附近书店的老板们闻讯赶来凑趣，纷纷打赌梅馨能撑多久。有的说三个月，有的说半年。但一晃八

年过去了，那些老板里恐怕有不少人转了行，梅馨却依然还在，这份坚守委实让人佩服。但店里的书却并不对我的路子，滤过一遍，也无可买。学着陆大小姐的样子，“负手对闲书，看够了相视一笑便出门”。

再上一层楼，是序言书室，虽说外面楼道里环境恶劣，里面却有些情调，临街的玻璃窗旁摆了一个沙发和三套桌椅，音响里还低低地放着爵士乐。这种还算用心的布置，可能跟店主是位女性不无关系。序言书室在豆瓣上有自己的小站，其“本店资料”称：“序言书室主要售卖及代订人文学科及社会科学之中英文学术书籍，包括：文学、哲学、政治、社会学、历史、文化研究等。我们将举办各项文化活动，如读书会、座谈会、新书发布会等，藉此推动阅读风气。序言书室作为一间文化学术书店正是要提供一个空间，让人群聚合，互相激活对人生的感动和思考。希望书室能让人多一点思索，少一点麻木。”在几个架前逡巡一周，书以新书为主，中英各半，也有一架二手书，折扣倒挺狠，比如一本木令耆的《读书拾遗》，只售港币十元。新书方面，一本《香港文社史集初编》，对于研究香港文学，应属不可多得的史料，可惜我实在没那么大精力了。

二〇一三年九月二十五日

判例法

既然普通法就是判例法，学习普通法，不能不研读判例。一早起来读了前终审法院首席法官李国能那篇长长的“国旗案”判决，真是一种享受。这一判决内涵极其丰富，至少包括了以下重要内容：其一，在香港仍旧实行普通法，不仅可以援引英国的先例，也可参考其他普通法国家的先例，甚至可以参考大陆法系国家的法条和判例，乃至援引法学著作。其二，在香港，法官不仅可以释法（毋宁说法官必须释法），还可以对立法会的法律进行合宪审查，“当类似本案的事宜交由法院处理时，问题便不在于法官个人愿意

哪种取向，而在于立法机关所选择的取向是否为宪法所容。这并不牵涉到是否顺从立法机关的问题，而只是维持三权分立的问题。”其三，言论自由和发表自由是民主社会的基本自由，除依法规定外不得限制，“喜欢说什么便说什么，喜欢怎样说便怎样说。”这种权利并非绝对，但此种限制必须是经法律规定，且为尊重他人权利或名誉或保障国家安全、公共秩序、公共卫生或风化所必要者为限。其四，公共秩序这概念并不确定，必须随着时间、地点及环境的改变而有所不同。是否构成公共秩序以及因此对基本自由施加限制是否必要，应当由法院进行验证。其五，案件到终审法院上诉，应当经过许可。没有在下属法院提过的新论点，除非情况特殊，否则不会获得终审法院处理。有意思的是，这份判决书的末尾还专门对双方律师“非常宝贵的协助”表示了“衷心感谢”，这也一定程度上体现了法官与律师的关系。在香港，作为法律共同体的法官和律师，秉持着相同的理念和规则。在一个判例中，马道立还是以律师的身份出现，转眼就成了终审法院的首席法官。

晚上又读一篇高等法院原讼法庭法官杨振权就“刘港榕对入境事务处处长案”所作的判决。总体感觉有些重复和絮叨，可以一记的地方有：其一，法庭对行政机构的干预程度。判决援引英国上诉法院大法官 Lord Green M. R. 在 *Wednesbury* 案中的判词，阐明："法庭在司法复核程序中，对行政部门扮演监督的角色时，法庭不是要关注到有关之行政行为是好是坏。法庭只能在 *Wednesbury* 一案所定下的原则确立时，才有权干预任何行政行为。"这个原则是：只有在地方当局"考虑他们不应该考虑的事情"、"拒绝考虑或忽略了他们应该考虑的事情"，或者，"虽然地方当局考虑问题时依足规则，但他们得到之结论是有违常理，程度达致任何合理部门都不会作出该结论"的情况下，法庭才有权干预。"作为司法机构，法庭只会关注，亦只能关注到地方当局的行为是否违法，是否超越国会赋予他们的职权范围。"其二，法院对"公众利益"的认定方法。由于对于公众利益的损害常常是"有可能"发生的，因此判决采取了一种"预测"和"假定"的方法。

判词指出："如申请人能如其所愿，在未有居权证前获准留港，下列情况必会出现……"。接下来则是几段绘声绘色的预测。在这里，既有推理的缜密，又有经验的生动，不似我们的判决，一味干巴巴的填充式，丝毫不见法官的个性。

二〇一三年九月二十六日

话语与法律文化

上午没课，苦读贺欣教授指定的阅读书目。第一篇是刘南平《法学博士论文的“骨髓”和“皮囊”——兼论我国法学研究之流弊》。观点没得说，但密度稍嫌不够，文字表达亦缺功力。第二篇是萨利·安格尔·梅丽《诉讼的话语——生活在美国社会底层人的法律意识》一书中的第六章《初等法院的话语》。“话语”的概念来自福柯的贡献。在福柯看来，话语是以微妙的、隐含的方式行使权力的。本章中，梅丽通过描述在法庭上各方当事人展开争论的方式，归纳出三种话语模式：法律话语、道德话语、治疗性话语。梅丽通过调查发现，面对那些典型的被法院视为“垃圾”的案件，法院的工作人员常常会规劝诉讼人不要把他们的问题看作是法律问题，他们坚持这些问题实际上只是道德上或心理上的问题。另一方面，那些没有受过专业法律教育、并不富裕的普通人却乐于选择法律的方式处理这些问题。因此，法院的解决办法常常并不是诉讼人想要的。梅丽本书所采用的研究方法是法律社会学。她指出，法律社会学是在社会环境中研究法律。法律体系定义了社会关系和权力系统，而社会决定了法律体系运行的方式。在中文版序言中梅丽建议，中国正处于一个迅速变化的转型期，以法律社会学的视角来分析这些发展是有价值的。第三篇是贺欣教授与 Kwai NG 合作的 *Pragmatic Discourse and Gender Inequality in China*。由

于是英文版，匆忙中只能囫囵吞枣。文章更像梅丽的仿制品，但它通过对中国法院审理离婚案件的庭审过程的考察与描述，得在巨人肩膀上成功发现了第四种话语，也就是“实用主义话语”。能够添上这样一块砖，也就在知识

增量方面做出了贡献。下午的课上，主要就围绕梅丽和贺欣的文章进行讨论。我提出，这种“实用主义话语”未见得只见于离婚诉讼，在行政诉讼中，法官热衷于协调，未始不是“实用主义话语”的一种体现。

课后在学校书店逗留几分钟，购戴耀廷、罗敏威合著《香港特区的法律制度》，晚上回家喝粥后即开读。本书条理清楚，行文简洁，但有些问题未及说透，似存顾左右而言他之憾。比如关于衡平法，就不如昨天课上梁美芬讲得清楚。梁教授说，判例法就是法律，衡平法则是根据独特情况的酌情权，意在弥补普通法太过死板之不足，但它不是判例法。梁教授还以三书六礼、大红花轿，引出了一妻多妾制，用以讲解习惯法。在香港，港英政府一直不敢碰大清时代留传下来的习惯法，譬如，直到一九七一年，一妻多妾制才告取消。在新界，至今仍还保存着不少习惯法，譬如“丁屋”制度。说到这本《香港特区的法律制度》，其对法律文化的论述，亦值得称许。作者先是援引了 Friedman 的定义：法律文化是指一个社群内，公众或部分的公众对法律及法律体制的意念、价值、期望及态度。更指出："若一个社会是轻看法律的，那么它的法律及法律体制在具体管制的作用及对人的行为的影响将是非常小的。"相比之下，以为法律文化就是贴几张标语、搞一台晚会，实在浅薄极了。

二〇一三年九月二十七日

香港大学

在西环吃完午饭分手的时候，我见正是西边街，就要顺路看两家书店，端洪说这儿的书店实在没意思，我不信邪，穿过德辅道西，在西边街的十八号遇上了国光书局，进去一看，才信了端洪的话，只有一些稀稀拉拉的教材而已。上行几步，就是般咸道，右转过了古色古香的英皇书院，碰上一家叫作 Dymocks 的英文书店，店名下还写着 For Booklovers，以为有料，谁知店面并不大，只有小说、非小说和旅行这几个分类，并无可淘。好在街对面就是香港大学，索性开始港大游。

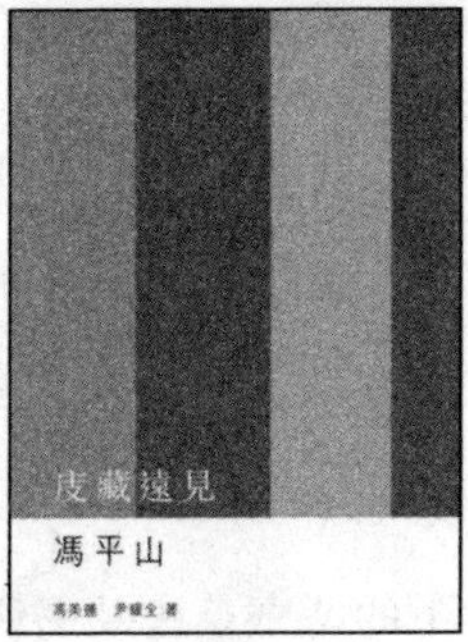

未进校门，先看到了冯平山

楼。冯平山是香港巨富，以白手兴家和乐善好施而为人津津乐道。他在一九三一年为港大献金建楼，兴建中文图书馆，更拨款购置中文藏书，因此大学的中文图书馆便以“冯平山图书馆”命名，一直沿用至今。据冯美莲、尹耀全所著《皮藏远见—冯平山》一书（香港商务印书馆二〇一三年版）引述冯平山哲嗣冯秉华当年在冯平山图书馆开幕礼上的致辞，说明冯平山捐建中文图书馆之目的有二：

> 一以使香港大学成为南中国搜藏与保存中国中国古籍之主要重心，让大学师生发扬和守护中国的辉煌历史与文化；一以图书馆向大众开放，鼓励华人研究祖国语言及历史风俗习惯。

进去这座乔治亚式的小楼，才知早已改作香港大学美术博物馆，遗憾的是里面正在施工，只有一个《超然冰岛：何安达藏二十世纪冰岛绘画》的展览开放，其他丰富的馆藏，以及位于美术博物馆新翼徐展堂楼地下的博寮茶座及书店，这次是无缘消受了。

冯平山楼旁边，就是港大的般咸道门，甫一进来，立刻感受到了只有百年老校才有的那种气场。高低错落，林木遮映，底韵外溢，雍容厚重。一时间似乎时光倒流，迎面碰到正在竹下捧读小说的张爱玲。迤逦前行，找到了港大书店，格调亦是古朴，可惜周末闭店，只能馋馋地透过玻璃窗朝里面狠盯几眼。又来到图书馆，因没有港大的身份卡，也只能在入闸外往里望望。好在城大可以联网馆际阅览这里的藏品。

本部大楼是香港大学的首座建筑物，自一九一二年建成启用后，一直屹立至今，并成为香港大学的标志。香港大学能够成立，应当归功于港督卢押和居港五十年的富商么地。卢押提出创办香港大学，并促使么地答应捐款十五万元，资助兴建大学的教学楼。现在位于般咸道与薄扶林道交界的校址，也是卢押提出的。在校园的高处，看见了圣士提反道上几处殖民地风格的老建筑，不禁想起，一九四二年，年仅三十一岁的萧红正是在当时作为临时医院的圣士提反女子中学校园里病逝。走出港大，又在薄扶林道徘徊许久，不远处的学士台是叶灵凤初来香港时的居所，戴望舒则筑巢在左近的林泉。这些地名曾经频繁地出现在我早年写的一本书中，今日方来，物非人去，孑然踯躅，徒生唏嘘。

二〇一三年九月二十八日

智源书局

《蔡澜的生活方式》里提到，他经常光顾的书店里有一家智源书局，专卖日本书籍，在尖沙咀的金巴利道。一查资料，可不是这么简单，智源书局可是有着不俗的历史。书局现在使用的商标上，标注有“since 1963”的字样，但根据罗隼在《香港文化脚印（二集）》中《昔年的“智源书局”》一文的回忆，郭沫若等大批文化人为避白色恐怖南下香港时，智源书局就已经营，书局的牌匾就出自郭沫若的手笔。虽然店址经过三迁，店堂从大变小，从低迁高而上楼，人事也变了，唯一不变的是那块招牌那几个字。前些年有人还听过一位姓利的老伯讲古：“几十年前我在智源书局当学徒，看着郭沫若出出入入，跟随过他。这人毛笔字一流，

‘智源’店号，就是请他写。”不只郭沫若，叶灵凤、叶苗秀、夏果也是当年智源书局的常客。

上世纪中叶的智源书局

早年，也就是战后那会儿，智源书局开设在中环德辅道中砵甸乍街口，店面很堂皇。后来搬到威灵顿街。一九六四年，书局所在的楼宇被政府评定为结构性危楼，只能限期迁离。当时流传一句话：“智源搬家，整条街都是书”，由此可以感受到智源书局当时的盛况。由于搬迁迫切之故，未能实时找寻合适店铺，于是先迁往油麻地平安大厦暂为安顿，其后再迁往油麻地长乐街继续经营，为期数年直至自置物业于尖沙咀金巴利道永利大厦。

罗隼说，在专售日本书刊前，智源书局什么书都卖，四十年代末，甚至还出版中文文艺书。据黄蒙田回忆，司马文森曾为智源书局编了两套书，一套叫《文艺小丛书》，包括雷维音著《春晓》、马霖（司马文森笔名）著《折翼鸟》和《少男少女》、黄蒙田著《落乡班子》和《职业与爱情》。另一套书叫《少年文库》，封面彩色，曾出版过韩北屏的《电影欣赏》和黄蒙田的《画家的故事》。而我从智源之友网站上得知，司马文森在香港那几年，还为智源书局编过一套《文艺生活选集》，有以下六种：王时颖等的《独幕剧选》、司马文森等的《秧歌剧与花灯戏》、金丁等的《作家印象记》、郭沫若等的《创作经验》、荃麟等的《文艺学习讲话》、海兵等的《报告文学选》。此外，还出版过夏衍等著《论肚子》、谷柳著《大笨象旅行记》、绀弩等著《追悼》、庄嘉农著《愤怒的台湾》、潘朗著《新社会的恋爱与婚姻》。这些书的出版年代基本是在一九四八和一九四九年间，作者群基本是南来避难的文化人。待到新中国成立，南来文化人北返后，智源书局的出版业务似乎也就停止了。至于专走日文书路线，应当是从搬离威灵顿街之后才开始的。

我今天寻访智源书局的路线，也跟它店址搬迁轨迹相类似。从西环坐地铁返回时中途在尖沙咀出地铁，步行片刻，就在金巴利道二十七号永利大厦二楼A室找见了它。这样一家准百年老店，却全然没有往昔的任何痕迹，郭沫若题写的店号也根本没有看到。可能因为现在的传人是位年青女性，整个书店的风格洋溢着温婉和轻浮，就连书店的猫咪也给打扮得跟个小姑娘似的。虽然号称“日本图书中心”，但货品实在难当此名，基本都是面向居家女性的“轻读物”，像什么手作、时装、美甲、折纸。好不容易看到一本《活版印刷de本》，也拿透明胶纸密密封着，懒得去找他们开封。逗了会儿猫，也就离开了。归途中不无怅惘，越发觉得旧时的那种情调慢慢的都要随风消散了。

二〇一三年九月二十八日

傅柯与托克维尔

今天决定不乱跑了，好好看会儿书。午前去了学校，先在教室外面走廊上的“卡座”看了一篇半判例：大名鼎鼎的吴嘉玲案以及庄丰源案。为什么还有半篇？看来看去全是居留权争议，实在单调得可以，故此就半途而废了。于是转战图书馆，找来彼得·威斯莱-史密斯的《香港法律制度》，看到傍晚，也就看完了。史密斯曾经任教港大，前两日看的戴耀廷、罗敏威合著《香港特区的法律制度》，直言是受他们老师史密斯这本书的影响。论体例，两书的确相似，但无论是普通法的造诣还是行文的功力，史密斯都远胜他的弟子们一筹。深邃厚重的内容，却以平实浅显的文字道出，这才是大家。尽管此书成书于九七之前，但因基本法规定回归前的法律仍旧适用，所以到今天仍有较大的参考价值。

到又一城搭地铁时，腿脚没忍住，又拐进了叶壹堂，看见一本 Oxford 新版的托克维尔《旧制度与大革命》，冯唐译，装帧非常气派。另有一册 Alain Brossat 写的《傅柯/危险哲学家》，系台湾麦田出版，几个月之内的第二刷。著者说：自从傅柯辞世之后，他的“工具箱理论被运用得淋漓尽致。许多领域，包含他无止尽地嘲讽的学科（例如，犯罪学）都拿着傅柯所颁发的工具箱许可证，东抓西拿，任意使用，毫不尊重哲学作者本身。”

晚上读了《旧制度与大革命》第一编的五章。张芝联的《中译序言》总结本书写作上的特点，与贺欣课堂上所讲的法学研究方法竟颇多契合之处。其一，既是“研究”，就要提出问题。从各章题目就可以知道作者要解决的是哪些问题。从方法论说，这也可以称为后

来“年鉴学派”创导的问题史学。其二，不是凭空“思考”法国革命，而是扎扎实实地依靠对原始材料的分析研究得出结论。其三，开辟了研究旧制度的新途径，既揭露了旧制度与大革命的内在联系，又努力寻找整体与部分之间的关系。其四，试图用用社会学和阶级分析的方法。其五，比较研究也是一个特点。新结论加新方法，再加上行云流水的文字，称其为一颗“史学明珠”，应属实至名归。在感受托克维尔思想的同时，揣摩一下他的研究方法，也算双重收获。

二〇一三年九月二十九日

天地图书

一天阴雨。上午读贺欣教授推荐的《法律、语言与权力》选章。该书为约翰·M. 康利与威廉·M. 欧巴尔合著，鼓吹社会语言学与社会学法学的联合，真成了跨学科的跨学科。作者透露，他们的研究，意在表明理论上的法（Law – in – Theory）的各种主张与实施中的法（Law – in – Action）的各种现实之间的差距。下午的课就讲解这本书里提出的“父权制”法庭话语，还分析了贺欣自己用英文写的一篇论文《中国司法调解的内部矛盾》。听得昏昏沉沉，有点儿感冒的征兆。

回家时路过洗衣街，想把那家世界书局挖出来，但那扇玻璃门还是紧闭着。试着按了几下门铃，竟然开了，从里面探出一个人头，说对不起这里不售书了。她身后的房间里明显堆着一些书，猜测是改成网店了。只好再次踏进西洋菜南街那家天地图书，见有一本中华书局新刊《也斯的50年代：香港文学与文化论集》，里面几处涉及叶灵凤，其中对叶灵凤一九五九年发表在《文艺世纪》第二十九期的历史小说《钗头凤》作了评介，指出这篇改写陆放翁爱情故事的小说“整体的感觉还是平淡”。踟躇半天，终于没买。也斯本名梁秉钧，岭南大学教授，既作研究，又搞创作，今年一月六日刚刚辞世，享年仅只六十五岁。架上有好几本他的诗文，小说署名也斯，诗歌、研究则署梁秉钧的本名。他曾说：“我觉得上世纪五十年代是一个很重要的转折的时期，一方面是继承了中国传统和现代的文化，

另外一方面也在香港发展了一些都市文化、通俗文化等，香港没有经历过文革，对传统文化、通俗文化都保存得比较好。”梁秉钧和卢玮銮合作较多，整理发掘了许多香港文学的史料，仅我箧中所存就有好几种。也斯亦曾被称作香港“文化遗老”，他也的确对这个城市的今昔有着独特的体认：“随着时间的推移，城市慢慢发生了变化，某一天醒来，习以为常的事物又少了一件，先是骑警，然后是电车，接着是老字号的店铺，以及整条街都慢慢消失了，代之而起的是地铁，是摩天楼，是连锁店和大商场。现在我能做的，是通过文字引起大家思考和反省”。

二〇一三年九月三十日

中文大学书店

国庆假期只有一天，今天又开始上课。梁美芬老师继续讲基本法，在讲到第九条中文英文的使用问题时，举了一个程介南案。程介南犯事，他希望用中文审讯，照说他的要求合法、合理、合宪，但地方法院法官没有准许。他转而请求司法复核，两个法官都是外国人，并不同情他，法官援引的是现在还生效的《官方语言条例》，其中第五条规定：用哪种语言审讯，裁量权在法官。这就导致，即使两造都是中国人，也会有有钱的一方要求使用英文，因为这会使庭审时间大幅拉长，在律师按小时收取高额代理费的制度下，没钱的人首先就会败下阵来，即使赢了一审，也耗不起冗长的二审乃至三审。所以，在香港，赢了官司还不如赢了律师费来得更重要。梁老师对内地诉讼的便宜不无夸赞，但我们过低的成本事实上也带来非常多的负面效应。由程介南案，梁老师又转到了世纪审判龚如心系列案，当中的猛料很多，但引起思考的还是，在香港，民意或者说公众的利益也明显地影响着司法的判决结果。

下课后决定去中文大学看看。在又一城坐开往罗湖的东铁，甫一开动，列车就从地面钻进了笔架山下的隧道，重见天日之后，便在群山之间的山谷中行进，尽管高楼仍然有，但已有很浓的山野气息。第四站就是大学站，出站就进入了中大校园。中文大学跟我的年纪一般大，最大的特点是整个建在一座山上，所以就要搭承校巴上山。蜿蜒前行中，一路经过了一个又一个的书院。要说这书院，又是中大的一大特色。以前有“先有檀柘寺后有北京城”的说法，与此类似，我们也可以说“先有新亚书院，后有中文大学”。新亚书院一九四九年由钱穆等人创办，后来才并入中大，搬到了这沙田海边的马料水。

在比较热闹的一站下车，攀石阶上去，就看到了图书馆，馆外有个烽火台，是中大著名的景点，以此为起点，就是大名鼎鼎的百万大道。到路旁一卖学校纪念品的小店打听书店的位置，店里那位大姐拿出校园地图，很耐心地给我讲，目前学校只有一家书店，是商务开的，就在东铁大学站出口不远。只好又坐校巴原路下去。等车的时候，一位女生很耐心地向我建议是坐一站还是两站距离书店更近。

坐到大学站，沿路步行上返，约百十来米就看到了一座现代化建筑，正是书店所在的康本国际学术园，搭露天扶梯上到一楼，左手就是大学书店！进来先是一个咖啡馆，二道玻璃墙里便是书店的营业大厅了。稍一打量，就感觉到它的宽敞、明亮、简洁、时尚。中间部分是中文书刊，港台版为主，内地版亦有，学术和文艺居多。外围一圈则是英文，粗略浏览，货品还是相当新鲜。中大自己的出版物，也是中英兼备。中文书中，颇有几种中意的，比如君芳吉伯、丹尼纳诺夫妻档绘图的《罗生门》，台湾格林出品，不仅绘图笔法细致，制作亦很洋气；舒明着《平成年代的日本电影》，香港三联版，评介了一百多部日本著名电影以及十位重量级导演；费德希克·格霍著《傅柯考》，台湾麦田出版，可读性强，装订亦考究。但算算不菲的定价，抱着书换了几个地方，最终还是放弃了。

有一本香港教育图书有限公司出版的《书写香港@文学故事》，收有鲁嘉恩写的《南来文人的中国情意结》，是研究叶灵凤的专论，放在过去不由分说定会收下，但如今理性多了，先读了一遍，知道并无新鲜资料，只是其中提到的方宽烈发表在《作家》二〇〇一年第十二期的《叶灵凤是特务》为以往所未见，所以也就没必要花钱了。方宽烈为香港掌故家、藏书家，曾经编过一本《叶灵凤作品评论集》，里面并没有收入此文。倒是收了一篇他写的《叶灵凤的双重性格》，透露了不少鲜为人知的“双凤”奇缘。方宽烈字里行间虽对叶灵凤之于郭林凤的“薄情”颇多指责，但看得出他仍是一个超级“叶迷”。

另有一册《扶桑书物语》，台湾远景公司出版，林景渊编译。林景渊系台南县下营人，台中师范学校毕业，早稻田大学学士、筑波大学硕士、浙江大学博士。著有《读书物语》、《日据时期的台湾图书馆事业》、《日出江花红胜火：日本近现代作家》；译有《知识诞出的奥秘》、《大日本印刷》；编有《读书乐》。在《扶桑书物语》这本书中，深谙日本文学与图书文化的林景渊，编译了三十九篇文章，都是日本的爱书人娓娓道来的与书有关的故事。归结为一句话，就是："没有书店的地方，就没有文化。"据说，林景渊曾经来过嘉兴的秀州书局。打那之后，秀洲书局老板范笑我就常常收到林先生从台湾寄来的有关书的书，这自是书迷之间的一段佳话。经过几轮淘汰，最终只买了这册《扶桑书物语》，又在打折区买了一本汤姆·宾汉的《法治——英国首席大法官如是说》，在有些自责又不十分自责的心情下打道回府。

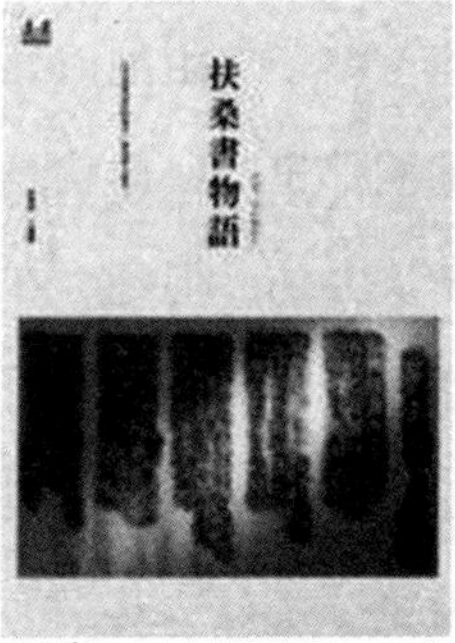

二〇一三年十月二日

汤姆·宾汉

晚上读汤姆·宾汉《法治——英国首席大法官如是说》中的《解决纠纷》一章，非常有趣的是，他完全是在为白天梁美芬教授所讲的内容作“背书”。英国法院在解决纠纷方面面临的问题同样是：费用和延误。事务律师和出庭律师通常都要收费，“为了索回五英镑，人们还得花费十英镑”。欧盟现在拥有二十三种工作语言，据卢森堡欧盟法院统计，每宗案子仅由翻译导致的延误平均长达七个月。所以，他们那里的目标就是就是要找到快速且收费合理的纠纷解决办法。但是，在中国，这恐怕还算不上主要矛盾。我们面临的困境是，如何能够实质解决纠纷，真正伸张正义。这一不同取决于不同国家的发展水平和历史文化背景。不过，宾汉大法官倒是道出了相同的一点：“在乌托邦（Utopia），大概永远都不会有民事纠纷。但我们居住在一个未臻于乌托邦（sub - utopian）的世界，在这里，分歧的确会产生。”法院与生俱来的使命无外是解决纠纷。而真正有效地完成使命，并不是玩一玩司法游戏那样简单，端赖是否能实质地解决纠纷。“对任何人而言，不能强制执行的权利或权利主张毫无意义。”

汤姆·宾汉（Tom Bingham）生于一九三三年，辞世于二〇一〇年，牛津大学历史系出身，毕业后转攻法律。四十岁成为皇家大律师，八年后成为法官，曾任英国上诉法院民事庭首席大法官、高等法院刑事庭首席大法官和上议院首席大法官。二〇〇六年，获剑桥大学邀请，担任法律学院戴维·威廉斯爵士讲座的嘉宾。他毕生推动司法变革，坚定捍卫司法独立与人权保障，从不低头的他，多次判决英国政府败诉，不假辞色。他更坚决反对伊拉克战争，认定“伊拉克战争违反国际法，反恐战争绝对不能以牺牲法治和人权为代价！”这本《法治——英国首席大法官如是说》，原先是演讲稿，后成书交 Penguin 出版。我买到的这本由香港商务印书馆出版，内地的中国政法大学出版社亦有简体字版印行。

二〇一三年十月二日

学津书店

上午梁美芬教授继续讲授基本法，重点分析吴嘉玲案，兼及刘港榕案、庄丰源案。普通法案例可供分析的内容非常丰富，通常几十页篇幅的判案书，基本都是对法律的解释、对争议问题的回应，还包括对先例的援引乃至对相关领域学说的述评，一些判例甚至还会导出重要的法律原则。反观中国的判决书，九成以上篇幅都是没用信息的罗列，到了法官应该说话的时候反而惜墨如金了。这与法官的权力和能力都有关系。

吴嘉玲案是香港回归后首例宪法司法复核案，所以李国能大法官使出了浑身解数想把判案书写成一个经典，不想惹出一场大乱。除了全国人大常委会释法澄清的内容，其实还有一段关于特区法院具有司法管辖权去审核全国人大及其常委会的立法行为是否抵触基本法的论述，也是颇惹争议，不过随后他就在另一案件中改变了观点。关于释法权问题，基本法确实留下了一些漏洞和不尽严密之处。根本问题还是起草过程中对普通法之下的司法制度了解不透。

下午，贺欣讲授法律的经济分析，他所用的蓝本是 A. 米切尔·波林斯基的《法和经济学导论》。这本书将科斯定理应用于侵害法、违约、交通事故、执法、污染控制、产品责任、委托人－代理人责任以及诉讼。贺欣指，在美国法学界，差不多四分之一的学者倾向运用这种研究方法。

放学回家出地铁后，顺脚看看几次来都因台风或假日关门的学津书店。店址在西洋菜南街六十四号的三楼，与乐文书店比邻。这是一家旧版书店，无论内地还是港台版本，均是以八九十年代的出品为主。在内地方面，八十年代出版的许多文史读物这里几乎都有，看起来非常熟悉和亲切，而且书品很好，价格基本在二三十港币之间。由于地盘有限，书都是叠床架屋，层层码放。我试着翻腾藏在后排的，店家并不干涉，就放开膀子，几乎搞了个底儿朝天。三十八港币买下一本簇新的彼得·威斯莱－史密斯《香港法律制度》的初版本，鉴于香港已经回归，这本写于九七之前的书应该成为绝版了。不经意一瞥间，竟然发现一本《版画艺术》，廖修平著，台湾雄狮图书公司一九八五年第九版，不仅有很多图版，还有对欧洲、美国、日本版画史以及版画制作方法的绍介，美中不足的是字体太小也太密。索价五十二港币。足以偷着乐的是，淘到一本一九五二年人民文学版的赵树理《李有才板话》，品相好极，却只要二十五港币，要知道，建国初期的出版物如今也成“新古董”了啊。能有这样的“艳遇”，内心总是狐疑，回家端详把玩良久，突然醒悟：该不是前些年港岛流行的翻印本吧?！晚上上豆瓣，看到一篇量子力学写的《书店故事之：学津书店》，差点儿乐翻天。故事写道：

是在二〇〇二年，带一个朋友去逛西洋菜南街的二楼书店，逛至学津，看到好多我们小时候的读本，只觉得一阵亲切扑面而来，价钱贵得超乎想象也在所不惜，知道自己买的不是书，而是少年记忆。可是待到我们满怀收获的抱了一堆书去收银台时，坐在收银台后的那老先生却将它们挑挑捡捡一番后，选了一大半放在旁边，说："这些不卖！"

我们一愣，这是从来没有遇到过的。傻傻地问一声为什么，店主不以为然地说："卖了我就没有了。"友人当时非常气恼，悻悻的离开学津，连呼哪有这样做生意的！事后我却觉得，这是一件多么有趣的事！他开着书店，却把上门的生意推掉，仅仅因为他舍不得那些书。这一定是个有趣的人！

据说这有趣的老头是中大毕业的，自称还有两屋子书。原来是个懂行的老书虫！不由得倒吸一口冷气：当我以为讨了大便宜乐颠颠携走那本翻版书时，他一定瞅着我的背影不屑地说：还是嫩些！

二〇一三年十月三日

法律与文学

昨晚心血来潮，拿出学津书店买的《李有才版话》，要重读一遍三十多年前读过的《小二黑结婚》。赵树理真的好生了得，走过了那么多洋场，阅尽了形形色色的大师，再来看他，仍然不觉得有任何褪色，十二段文字，鲜活得一如顶着露珠的青苗，干净得一如太行山涧清凌凌的溪水。

早年间，只是关注小二黑和小芹的爱情故事“怎么到底”，只是为二孔明的“不宜栽种”和三仙姑的“米烂了”在那里捧腹。今日再读，竟发现它整个就是一篇生动的有关婚姻制度和乡村裁判的社

会学研究报告。恋爱自由、婚姻自主对父母之命、媒妁之言；童养媳作为习惯法依然存在于民间，“女不过十五不能订婚，那只是官家规定，其实乡间七八岁订婚的多着哩。”释法、调解成为处理家事纠纷的重要手段。区长先问小芹愿不愿意跟吴家结婚，又给三仙姑讲了一会儿婚姻自主的法令，说小芹跟小二黑订婚完全合法，还吩咐她把吴家送来的钱和东西原封退了。三仙姑羞愧之下，一一答应了下来。至于恶霸村官的刑事处理，区里先是到村调查，再根据这些罪状把他两人送到县里；县里把罪状一一证实，既判徒刑，又判了赔偿。《小二黑结婚》，当年就成为推行婚姻自主的活教材，几十年后，仍是我们研究当时司法制度的活标本，完全称得上法律与文学领域的一个典范。

二〇一三年十月四日

《版画艺术》

晚上闲读廖修平《版画艺术》，此书为台湾雄狮美术一九七四年出版，能在将近四十年后淘得这个宝贝，书品又是那样好，不能不说是个奇迹。书分三编。第一编是版画概论，分述版画艺术的意义和原则，中国、欧洲、美国、日本版画的演变和发展，版画的性格与鉴赏以及版画在现代美术中的重要性。

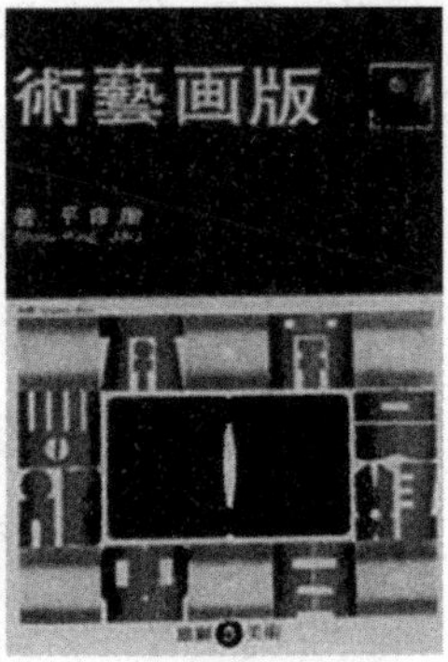

第二编是“版画原理与应用”，包括版种的比较和特征，初学版画者应有的认识与观念，凸版版画、凹版版画、平版版画、孔版版画、拼用版画、剪贴版画以及儿童版画的分论。第三编则是“版画保

存与研究”，涉及版画印刷张数，装框及收藏保存，世界国际版画展，制作版画的心理与要领以及中国版画今后的发展。如此内容丰富的版画理论著作，真还是头一遭碰到。

廖修平一九三六年出生于台北艋舺，建筑世家的家庭背景，让他自小展露绘画的天赋，而儿时住家附近的龙山寺地方民俗特色，更成为他日后创作上重要的风格与符号。国立台湾师范大学美术系毕业后，廖修平先后前往日本东京教育大学、法国国立巴黎美术学院深造。之后，又转往世界艺术之都的纽约，于“普拉特版画中心”担任助教。能有这样不凡的经历，也难怪他谈起列国版画来，是那样心中有数，游刃有余。今晚重点看了他对日本现代版画的论述，颇有一叶知秋、情何以堪的感慨。日本原有自己的浮世绘版画传统，但那种绘师、雕师、折师的分业制度不免造成创作性的匮乏。日人刻意引进西洋技艺，改良融汇，处处透彻，不仅引得欧美同行纷纷涌来学艺，就连取自西方的版画工具材料，也都整合尝新，一时成为供应大国。有这样融入世界的志向，栋方志功等一班版画家能够跻身世界版画大师之列，也就不足为奇了。

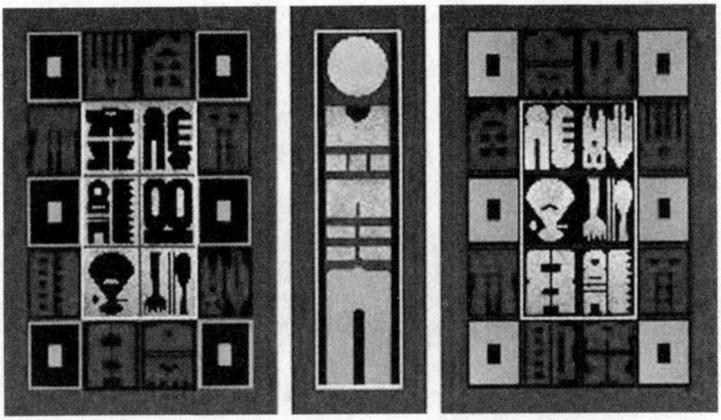

廖修平的志向也是不能小觑。他返台之后，先是设立了全台第一个版画工作室，后又促成“十青版画学会”，不但培育出无数的现代版画人才，更让台湾的版画艺术跳脱了传统的木版画创作的窠臼。他还将台湾文化的庶民生活元素，以符号造型的版画形式推向国际艺坛。推算起来，这位“台湾现代版画之父”快要年届八旬了，不知他是否还能穿着围裙，执刀刻画？

二〇一三年十月四日

港澳码头

上午苦读贺欣教授指定的几篇文章，有别人的，有他自己的，都是用政治学的方法研究法律问题。下午课上，逐一解读。贺教授强调，无论什么方法，必须“咬住文本”。他还借用论语的几句话抒发情怀，大致意思是：即便是在象牙塔里，能够做到“学而时习之”，人生也就非常充实了。说句实话，贺老师的讲课艺术未必高超，但在研究方法上确实给大家带来了颠覆性的效果，这恐怕也是来香港读书的最大价值吧。

放学后直奔上环港澳码头，晚上八点多在珠海九州岛港下船，妻和瑾儿来接。次日仍由九州岛港乘船返港，等船期间，发现二楼有家九州岛书廊，地盘不大，书的品味却极高，见到了不少内地新书。这在一般的机

明信片上的香港货船和港口

场码头书店中，完全算得上另类。来回坐船，埋头读赵树理的小说，把那本书里的几篇全读完了，真跟年轻时初读的感觉不一样。比如《小二黑结婚》，在战火纷飞的边区，政府就善于用法律手段进行治理，从未接受普法的没文化的山民，对法律手段解决纠纷也表现得心服口服。在《李有才板话》里，就已涉及村长直选，往碗里扔豆子的投票方法也已出现。在程序公正的情况下，尽管最终的当选者并非老百姓的心仪目标，也都能平静接受。这可是七十年之前的旧事。

从尖沙咀的中港码头上地铁，直奔学校，与五位同学会合后去贵国、美芬老师家赴宴。家在荃湾，窗外即海。室内一应陈设，底韵十足。一道道美味美酒不须细数，单说贵国老师特意为北方老乡准备的一盘猪头肉，就充满了浓浓的乡情。长子宏曦尽管只有十七岁，却能亲自下厨，他烹制的葱花饼和红烧排骨大受欢迎。河北媳妇梁老师说，宏曦十岁上就能为家里做月饼了。

二〇一三年十月四日

大众书局

从寓所沿橡树街南行，不几步就到了樱桃街公园。看一九九二年的香港地图，樱桃街外就是大角咀码头了。以后西九龙填海，海岸线愣是推前一千米。新的填海区高楼林立，高速纵横，昔日千帆竞举的景象乃不复得见。樱桃街公园旁边，一片高层住宅，奥海城三期就矗立在海泓道边。商城宽敞明快，品味时尚。在NG八十八号商铺，找到了大众书局。大众书局，英文名Popular Bookmall，是新加坡一家著名的零售书店及出版商，一九二四年即已成立，当时名为Cheng Hing Company。早在上世纪八十年代，公司就已在铜锣湾波斯富街、湾仔摩理臣山道以及尖沙咀新世界中心设立门市，这也是日后大众书局的雏形。到了九十年代，第一间大众书局门市在尖沙咀南洋中心商场正式开业。之后不断扩充营业范围，至今已经多达十七家。其中，香港岛两家，分别是湾仔店和小西湾店；九龙七家，设于西九龙奥海城、红磡黄埔花园、九龙湾宏照道、黄大仙中心、乐富广场、旺角弥敦道和油塘大本型；新界的八家则分布在青衣、沙田、大埔、葵芳、屯门、荃湾和将军澳。

奥海城这家，地盘很大，布置也较讲究。书的品种紧扣店名，非常之“大众”，举凡旅游、烹饪、装饰、园艺、医疗、风水、励志、教辅，样样不缺。文艺方面，以武侠、惊悚、流行小说为主，畅销书榜上，排第一位的也是黄易的武侠《日月当空》。倒是有一套金庸武侠的袖珍本，灵巧可爱，无奈卷帙浩繁，买也买不过来。音乐影碟数量不少，电脑辅件纸笔文具亦占了一个角落。这样梭巡一遭，也就空手而回了。

二〇一三年十月五日

司法公开

读林峰教授述评的特区法院几篇司法复核方面的判例，就想进入香港司法机构的官网扩展一下阅读，这一进入就沉溺良久而不能出。香港特别行政区制定有《公开资料守则》，该守则不适用于法庭、审裁处所持有的资料，但适用于法庭、审裁处的登记处、行政办事处、秘书处所持有的其他资料，因为这些资料从性质上讲是“行政”的。司法机构官网公开的资料似乎远远超过前述要求。上载提供的司法机构简介、法庭资料、审讯案件查询等，不消说是详细而全面，判决书及法律参考资料之完备和开放更是让人叹服。其中的“判案书及法律参考资料”板块收入一九四六年至一九四八年和一九六六年至今终审法院（自一九九七年成立时

起)、高等法院上诉法庭、高等法院原讼庭、区域法院、家事法院、土地审裁处所宣告的全部裁判文书。一般情况下，判案书会于送达后三个工作日内上传至网站。重要的案件或公众关注的案件，则可于宣告当日在“新裁判案书”栏目得到。查询方法有两种，一是根据法院类型，二是通过案件编号。有些遗憾的是，判案书多数是用英文写就，除非案件特别重要，一般不附中文译本。而少数用中文写就的，则都附有英文译本。这可能源于香港法院的一种认识：“普通法是以英文表达的法律”。至于判案书中涉及的当事人隐私问题，香港法院认为，当事人既然选择用国家公权力处理他们的纠纷，就应当公开庭审，除非法律另有规定，公开的判词也就不应隐去当事人的姓名。官网还编制了查阅非按惯例公布资料的程序以及查阅或改正个人资料的程序。

普通法既然是判例法，判案报道就被普通法审判制度认为非常重要。如果某一案例包含一项新的法律准则，那么，这个判决就应该、通常也确实会公布，以便在将来遇到与这类法律有关的方面，可以作为公民、法律顾问和法官们的指南。将这些判决内容印制成册，就叫判案汇报。据彼得·威斯莱—史密斯教授讲，在英国，判案汇报可上溯到几百年前。直到一九〇五年，香港才出现了《香港判例汇报》（Hong Kong Law Reports），以后坚持每年出一卷。到现在，由于案件较多，每年出版的判例汇报可以有三至四卷，不过并不是所有案件都会被政府汇编出版，那些没有经过报告（unreported）的案件，法院仍会保留有关案件的记录，市民也可以申请查阅。除官方出版的《香港判例汇报》外，一些私营机构也会把重要案件汇编出版，例如 Lexis Nexis Hong Kong 出版的《香港案件》（Hong Kong Cases）。私营机构也会提供收费的法律案件网站服务，例如 Westlaw International。在法学院，学会如何利用这些巨册的判案汇编，会是学生们的重要任务。

二〇一三年十月六日

中华书局

昨天同学云发来一张图片，说油麻地地铁站 C 出口附近有家中华书局，一夜难耐，今天午前就赶过去了。老远就看见了那块醒目的招牌，红底白字金边，配上那个著名的社标，十足的百年老店气派。十一点整，卷闸门轻轻滑起，和早已在店外等候的几个人一起冲将进去。底层面积并不大，无外是新书展示和几架生活用书。一楼亦是同样面积，卖的是文具和儿童读物。上到二楼，视野大开，偌大的卖场，全是地道的人文社科著作。走过了许多地方，逛过了许多名店，如此汇聚两岸三地

学术精品，内容厚重、书卷气浓，当属仅见。

香港专题区成为浏览的起点，见到不少其他店里无从得见的著作。萧国健著《香港古代史》，中华书局自刊，二〇〇六年修订初版。萧国健任教于香港珠海学院，专治香港本地史，近日又有《简明香港近代史》刊行。我之关注此类读物，除去想对香港有个立体的了解，主要还是因为叶灵凤先生对于香港史地研究的兴趣。萧国健此书中就提到叶灵凤，说“他们对掀起香

港史研究的风气，厥功甚伟”。另有一本刘润和写的《新界简史》，香港三联出版，也是十来年前的旧物，书品很新，而书价从旧。

《香港野史》，虽也称“史”，记叙的却是南来文化名人在港岛的雪泥鸿爪、倩影萍踪。我所关心的仍然是灵凤，但书里并无他的专篇，只在戴望舒入狱一篇中提到他曾在狱外斡旋营救，猜想是灵凤来港后已经洗尽铅华，少了传奇，其行状也就“野史”难入。该书的编者是刘小清、刘晓滇，香港三联一九九九年版，当时定价只有港币三十三元。《痛苦中有欢乐的时代：五〇年代香港文化》，则是中华书局新近推出，梁秉钧等著。梁秉钧在“导言”中说：“叶灵凤本写作都市言情小说，来港后转往写作大量的香港掌故，但爱书如一，仍然收集旧书及写作大量书话。”在香港，梁秉钧是比较认可叶灵凤的价值的，更早时还有侣伦和罗孚，随着他们从人世的相继淡出，特别是香港文化“本土

化”的日益浓厚，知叶的人肯定会越发稀少了。

中国古代、现代，香港、台湾的文学，亦极丰富，可惜我的注意焦点已经转向社会科学方面。历史方面品种不少，单是各类日本史，就不下数十种。看中一本中国大百科全书版的《法国历史》，不仅出自大家张芝联之手，书里还配了许多质量相当好的历史图片，有的本身就是极美的版画。又让店员找来了同套书中的《英国历史》和《德国历史》，破例买了内地版。因为每册定价也只港币二十四元，回去未必就能找得到。

社会文化区，翻了一本傅华伶、朱国斌编著的论文集《宪法权利与宪政》，香港大学出版社二〇一二年版。这书前两天朱国斌给我们讲课时提到过。却见书中收有一篇香港大学陈咏熙的《与监督权无关的知情权：论我国法院对政府信息公开条例的限缩性解释》，点名批判了三位高级法院的副院长，其中征引我的文章最多，多达七处，结论却是“因循守旧的司法政策”。这种攻其一点不及其余的做法，未见得是科学的治学态度。

不知不觉间，已在书廊浸淫了两个钟点，赶忙奔往学校上课。下午的课上，贺欣教授通过西人的一篇《纠纷的产生与转变：认知、归则、索偿》，讲解法律意识的研究方法，还让他的博士生给我们现身说法。这孩子曾经可怜地乔装打入最高法院信访接待站，套出了不少访民的说法，并用法律意识和法庭话语的标签做了一些归类。班上同学差不多都是天天搞接访的，七嘴八舌提出不少质疑。贺教授一方面替爱徒解围，另一方面也对大家的一些观点表示认同，他强调，可能你们掌握非常丰富的素材，但如果没有一个先进的研究方法作火车头，那些鲜活的蔬菜也只会烂在那里。

二〇一三年十月七日

实用书局

全天都在上课，整晚都在赶制作业。梁老师的课仍旧是结合判例解读基本法。贺老师的课则接近尾声，开始由学生逐一上台介绍自己课程论文的写作思路，全班同学在老师带领下运用这些天所学的研究方法进行评论，好不热闹。午间休息时，到又一城里的 pageong，在艺术区逐本翻腾一遍，再没发现有什么好东西。

其实前天去油麻地时，顺脚还看了三家书店。弥顿道四九七号丽星大厦三楼 E 座，有一家二手书店，叫作实用书局。说是什么大厦，实际不过是黑暗肮脏的民居，从黑咕隆咚的楼梯一路爬上去，二楼还经过一个风月场所，行进中暗想，这岂不成了“书下自有颜如玉”。推开书局门，一股霉味儿扑鼻而来，伸长脖子看了一遍，无非是武术气功、太极周易、中医养生、风水命理，的确称得上“实用”。店主是位干瘦寡言的老叟，蹲在在狭窄的书架之间的通道里埋头理书。回到街上，在对面弥顿道五一六号，看见一家汉荣书局，面积不大，一览无余，架上全是新版的在别处都能见到的大路货，还不如实用书局能有一些悬念。回到旺角，从地铁站直接进入大卖场朗豪坊去找 Metrobooks，一个扶梯换一个扶梯，七拐八拐来到办公座，电梯间的一头，正是这家连锁书店。地盘不大，品种也少，基本都是中文英文的软性读物，另有一些文具礼品，几无可观。

晚上读了一篇逸华发表在去年五月号《书香两岸》杂志的一篇文章《实用书局：延续一甲子文化的守护者》，着实吓了一跳。原来，实用书局以及他的店主还有着非常传奇的经历。实用书局的创办人，也就是我那天见过的那位干瘦寡言的老叟，名叫龙良臣，本是湖南涟源人，年轻时经营中药材，暗中的身份却是一位共产党员，借创办小学宣传抗日主张。一九四二年冬，龙良臣集资开办求知书店，秘密贩卖宣传共产主义的书刊，

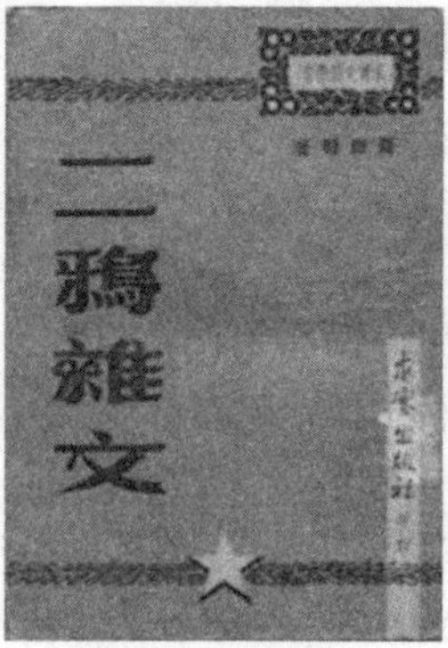

两次遭国民党县党部查抄。抗战胜利后，求知书店搬迁到长沙，龙良臣却遭国民党通缉，终在四十年代末移居香港。到港之后，龙良臣在油麻地广东道租了一层楼经营起求实出版社，出版过秦似的《在岗位上》、聂绀弩的《二鸦杂文》、楼适夷的《四明山杂记》等不少新文学作品。求实出版社创办时，刻意隔了一个小小的客房，专供大陆南来的文人暂时栖身，所以也才会有这么多的新文学作家愿意把著作交给他。这个事迹罗隼在《香港文化脚印二集》中叙述颇详，据说，龙良臣的夫人还时常被请去东方行（香港政治部）问话。直到新中国成立，来港的文化人士纷纷返国，求实出版社也才告一段落，只留下了让人感佩的精神与教人向往的故事。

逸华的文章还透露，求实出版社结束之后，龙良臣在旺角的西洋菜街另起炉灶，开办了实用书局，专注在书本贩卖上，经营方向也以中医为主打，一时间成为香港专售医学书籍的最大据点。“文革”期间，实用书局还翻印了不少民国年间的新文学著作，由于书较罕见，印刷又颇精美，甚获读者喜爱。七十年代末，实用书局在西洋菜街的门市由于业主拆建，改迁至弥敦道上的大厦中。由原来的一楼门面隐身至公寓三楼，实用书局并未太积极地宣传，靠的是老顾客的口耳相传，直到今天，在香港想买武功、术数、棋谱、汉医方面的书本，知情者多半还是前往实用书局淘宝。如今龙良臣即将进入期颐之年，尽管不再掌理实际店务，依然日日固守实用书局。读罢此文，一阵唏嘘，心想，即便一家不起眼的二手书店，也会藏着这么多的传奇故事，真的是不敢造次啊！

二〇一三年十月八日

法律人的操守

今天又是全天有课。梁美芬老师的课上，除了分析刚果案，还讲了特区行政长官和特区法院法官的任免制度。基本法规定："香港特别行政区法院独立进行审判，不受任何干涉，司法人员履行审判职责的行为不受法律追究。"也就是说，即便法院办错案，也不会因此受到追究。梁美芬本人在立法会司法委员会任职，有时也接到对法官的投诉材料，但他们一般不会插手法院的事情。香港的法官地位很高，但法官的工作强度也很大，写判决书的任务很重，经常有判决动辄长达两三百页。与此同时，对法官行为举止的要求也很严。回归前，一位法官开庭时，可能是受不了庭审的冗长沉闷，偷看了几页小说，不想被出庭律师发现了，立即投诉到

首席大法官那里，给予了处理。还有一位法官，平时参加一些活动时喜欢往身上挂满各式勋章，后来有好事者举报，说他是从油麻地买的假货，结果就被指为行为不检，也得到了处理。

下午，林峰教授的香港行政法开讲。林教授目前担任法学院署理院长，高高的身材，儒雅而又谨严。也许是巧合，他也讲到了律师的职业操守问题。在香港，取得大律师资格时，都要在法院宣誓。法律授权大律师公会对大律师进行监管。只要有对违反操守的投诉，处罚是不留任何情面的。法律执业者非常在意对形象的捍卫，对操守看得特重。整个社会都是基于一套诚信在运转。关于香港的司法复核，林教授说，是从上世纪七十年代以后，随着经济的腾飞、政府规管的加强，民众权利意识的提高，案子才逐渐多起来的。无所不包的基本法，又给司法复核申请提供了广阔空间。前首席大法官李国能曾在二〇〇六年法律年度开启仪式上，特别提到司法复核的显著发展，他同时也告诫社会：法院并不能提供万应良方。但话虽如此，即使一个政治问题被法律问题包装，一旦提交法院，法院也没有选择，必须作出一个裁决。在香港，整个社会最信任的是法院，人们可以对一个案件吵得沸沸扬扬，可一旦终审判决出来，所有的争论都会立刻停止。

二〇一三年十月九日

尖沙咀图书中心

林峰教授课上，对“公共职能理论”的讲解，非常具有参考价值。所举英国*Penal*案、英足总案、香港马会案、新西兰橄榄球协会案等案例，非常形象直观，可以得知，在普通法地区，对于这些行政机构之外的形形色色的组织，同样是可以提起司法复核的，其理论基础就在于，它们和行政机关一样，行使的是“公共职能”。

一天的课下来，既感到充实，又周身疲乏，就想犒劳一下自己，地铁多坐了三站，尖沙咀逛书店去也。要找的是尖沙咀图书中心，按地址来到弥敦道一三二号美丽华商场B1地库，看到招牌，才知也是商务印书馆所开，而且是旗舰店。店面好大，整整占了一层商场的半

面，三成英文，七成中文，一架架看过去，两个小时就过去了。有两本书：刘以鬯著《畅谈香港文学》（获益出版事业有限公司二〇〇二年版）和黄仲鸣编著《侣伦作品评论集》（香港文学评论出版社二〇一〇年版），都有涉及叶灵凤的内容，放在以前肯定买了，但先把相关内容仔细看了一遍，知道刘以鬯那篇《记叶灵凤》在家藏他的《短绠集》中早有收录。侣伦与叶灵凤交谊甚早，回忆叶灵凤的篇什也更多，但买过他的《向水屋笔语》，也就都有了。所以这两本书最终还是狠狠心放下了。只买了一册尚属价廉的牛津旧版布鲁斯著《社会学》，一九九九年印。

二〇一三年十月九日

写乐堂

上午林峰教授继续讲香港行政法，今天的内容是起诉资格与司法复核许可。在英国，普遍认为司法复核也是从救济开始的，所以只有权利受到影响的人才能得到救济。香港高等法院条例也沿用了“充分利害关系”或曰“足够权益”的条件。但是，也有公法学者对此提出异议，主要针对的是公益诉讼问题。在香港，面对政府不断实施的填海工程，一个旨在保护维多利亚湾的公益组织就提起了阻止政府填海的司法复核。

关于司法复核许可，英国高等法院法官 Wilberforce 在 *Fleet Street Casuals* 案中提出了“两阶段论”，其实类似于我们的不予受理和驳回起诉。但韦德等学者对此提出反对意见，认为有违设立许可的初衷。在香港，本来在何某诉入境事务处处长案中确立了“潜在地存在可争辩的案件”这样一个相对比较宽松的标准，但在李国能法院，通过陈博士诉张女士案把这个先例推翻了，取而代之的是较严格的“可争辩标准”。李国能说，许可就是要防止公共机构受到不当干扰，以期在保护诉权和维护公共机构的良好运行之间求得平衡。

先例之为先例，林峰教授说，关键是要找出它的ratio，这需要很深的功夫。在法学院，必须经过一个学期的训练才能掌握这本领。普通法的诉讼中，从中立立场出发，法官不会自己去寻找先例，而是由双方聘请的出庭律师提供。如果存在一个对委托人有利的先例，律师却没有找出来，那就是失职；如果存在对对方有利的先例你不拿出来，则是违反职业操守。曾有一个御用大律师，本来跟他搭档的另一个资历较浅的律师曾经告诉他有一个对本方不利的证据，但他在庭上忘记说了，法官就到大律师公会投诉他。如果不违反操守，不失职，官司即便输了，大律师也不会对当事人承担任何责任；但如果属于你的失职，就会出现索赔，有时倾家荡产都不够赔。所以大律师常常会买高额的保险，也承受着非常巨大的职业压力。林峰教授本人就是大律师，这是专事出庭辩护的律师，既不属于哪一个律所，也不直接跟当事人发生联系，而是由事务律师转聘。他不被允许在家开业，通常会和其他大律师合租一处办公室，但相互之间却无合伙的关系。这种跟国内差别很大的律师制度，引得我们不胜唏嘘。高水平的律师队伍委实是高水平司法制度必不可少的基础。

下午在高级法学理论和研究方法课上汇报完了自己的课程论文提纲，放学后浑身轻松，决定去铜锣湾耍一耍。一直听说恩平道有家叫作写乐堂的二手日本书店，果然在地铁F出口不远恩平中心的地库顺利地找见。说是二手书，但几乎就是簇新，于此可见日本人的用心细致和敬惜字纸。书不少，几乎清一色的文库本，体积也就影碟盒子大小，摆在书架的格子里，非常整齐好看，也非常节省空间。这时不由想起李长声对大大小小没个标准的中国书的抱怨。来写乐堂的本来目的是要找竹久梦二，可找来找去，美术画册只那么可怜的几本，哪有竹久梦二的踪影？写真集倒是摆了一大排，全用塑胶封得严严实实。门口有个看店的日本姑娘，问她会不会汉语，她摇头，只好在纸上写下“竹久梦二”四个字，她在电脑上敲了会儿，又是摇头，只好悻悻地离开。从恩平道右拐便上了启超路，正是诚品书店的所在，索性进去逛逛。由于是第二次来了，已是轻车熟路，上到九楼，直奔西洋画册区，不想竟意外淘出了好几种版画集。

二〇一三年十月十一日

在诚品淘画册

我买画册，标准很严，市场上流行的画人画风景的画匠，绝不寓目，只专注于收藏以下三类：好的版画、书籍插图、绝对有个性又非常唯美的画家的专集（尤以比亚斯莱、竹久梦二、Vania 为重点）。但在香港逛了那么多书店，感觉美术画册方面，基本都贫瘠得可以，唯独诚品，还算稍有气象。今天在诚品，采取的是梳头式搜索法，十几架大画册，逐册取下来检验，果然大有收获。先是找到一本 *Revolution on paper*（《纸上的革命》），是一九一〇至一九六〇年间墨西哥版画的选集，大英博物馆出版社二〇〇九年出版。印象中这还是碰到的第一本南美国家的版画选集。接着发现一本 *Henry Rushbury Prints*，皇家艺术学院二〇一〇年出版。

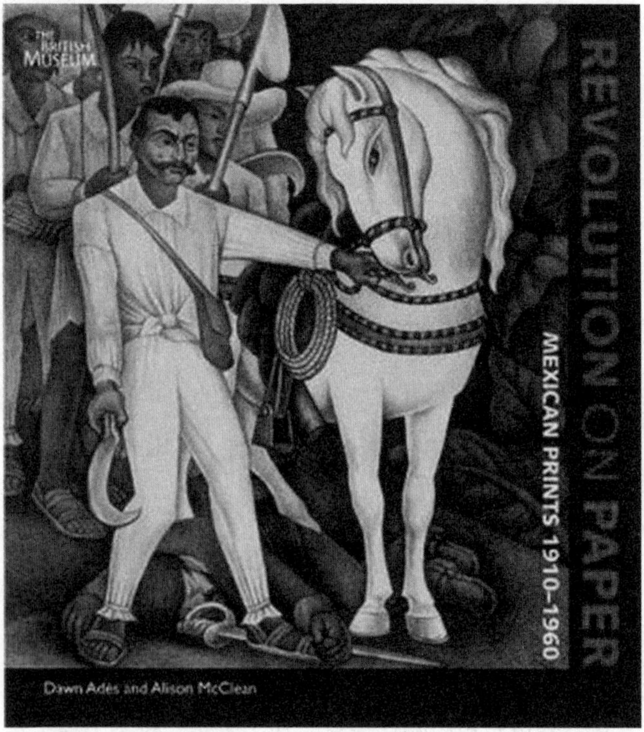
THE BRITISH MUSEUM
REVOLUTION ON PAPER
MEXICAN PRINTS 1910–1960
Dawn Adès and Alison McClean

除了收有几十幅以描写老伦敦的建筑市景为主的版画作品，还包括 Felicity Owen 写的 Rushbury 生平作品评论以及画家的女儿 Julia Rushbury 回忆他父亲的文章。他们称 Rushbury 爵士是被遗忘的二十世纪英国艺术瑰宝。另有一册 *L. S. Lowry*，虽不是版画，但却符合“有个性而唯美”的标准。Lowry 也是英国人，生于工业革命的先驱城市曼彻斯特，这也使得他的画作以刻画英格兰北部工业景观见长，这些很难入画的题材，在他笔下却非常有味道。画面通常是以烟囱和烟雾弥漫的工业建筑物为背景，火柴棍般倾身行走的人物看似成群却又那么孤寂。此书由 Phaidon Press 于一九八七年出版，连年印刷，我买到的已是二〇一一年的印次。

走到美术区的末端，居然发现有日本专架，而且有好几种版画！以前买的都是日本的版画选集之类，而且偏重于古典风格，这次则多是现代画家的个人专集。有一本《山本容子版画集》，拿透明塑胶封着，定价高达八百港币！我也没让店员打开，免得看着好买不起徒增烦恼。有一本廉价些的《中岛千波版画》，倒是让打开了，画家是个老头，画的却全是女里女气的风景花卉之类，赶紧扔到一边。《铜版画家长谷川洁作品选》，非常棒，古典、典雅、雕刻细腻、书卷气浓，还有不少属于书刊的装帧。东京玲风书房二〇〇六年初版，这已是二〇一一年的第三刷。从书里夹的一张图书目录得知，玲风书房还出版了一系列日本的现代版画，看着实在眼馋。

艺术设计区，有一本台湾积木文化出版的《书·设计》，不拆封就能知道绝对错不了。还有一本德国插画家瓦尔特·莫尔斯自写自画的《梦书之城》，据说很畅销，犹豫再三，终因不是太喜欢过于古灵精怪的幻想之作，放弃了。

二〇一三年十月十一日

荃湾

今天上午没课，就把黄怡祥写的一本小册子《香港律师制度》读完了。其实书中的精髓，梁美芬和林峰教授在课上都顺带提到了，再读无非是通过纸质文本系统化一下而已。在香港，有律师和大律师之分，甚至还有殖民地时代留下来的御用大律师。其实质无非是事务律师和出庭律师之别。有一阵儿，原来的律政署建议将律师和大律师分别改称事务律师和讼务律师，但香港大律师公会坚决反对，理由之一是，“讼务律师”会被简称为“讼师”，而在历史上，“讼师”可不是什么好词！这当然是个有趣的花絮了。无论如何，香港的律师制度都称得上运作规范。而黄怡祥在书中就曾指出：“律师专业的正常运作是发达社会的主要征象之一。”

下午的课上，又有六位同学汇报自己的论文思路，比听老师讲课轻松多了。但正讲的和准备讲的，无疑都不那么轻松，当在研究方法上处于前不着村后不着店的境况时，心底的方寸自会大乱。

放学后，搭观塘线在太子站转车去荃湾访书。荃湾地属新界，北倚香港第一高峰大帽山，西临蓝巴勒海峡，与青衣岛隔海相望。此地古称浅湾，取海湾水浅之意，后改此名。也有人说，荃湾的另一个前称是贼湾，蓝巴勒海峡周围的水域也曾被称为三百钱，传说船只要通过此海峡，需付三百钱买路费给海盗，才得通行。可以想象百多年前此处海盗多如牛毛、威风八面的情形。出地铁荃湾站 C 口，直接进入一座叫作绿杨坊的卖场。在一楼有一家突破书廊，所卖多为灵修励志方面的读物，还有一架各种版本的圣经。“突破”本身是一间出版社，翻了翻门口摆的它的定期出版物《突破书志》，发现里面也全是讲什么“失心疯”问题，看来，这里可以成为歇斯底里患者的好去处。上一层楼梯，又有一家天道书楼，卖的竟然全部都是神学研究和新约旧约研究方面的书籍，就连音像制品和小摆设，亦是宗教主题。原来荃湾一带庙宇林立，善男信女，络绎不断，当然成就了这个市场。我试着想找找有没有以圣经作题材的版画集，可惜没有。

想去青山公路找三联荃湾店，一抬头，原来就在跟前。富华中心的三楼醒目地挂着三联的招牌。攀楼梯而上，却见排队的人流一直绵延到了二楼，纳闷这家书店为什么火成这样，上到三楼才知，人们是为旁边一家叫作“争鲜”的回转寿司在排队，不禁莞尔。书店面积不小，格调也还不错，但书的种类上，俗世过日子的绝对占了上风。正在无聊赖间，突然看见熊秉元那本《法学的经济思维》，港九好多店里都没找到，这里竟有一本。仅凭这一本书，就已不虚荃湾此行了。或者，这本书就是冥冥中等着我来，也是可能。

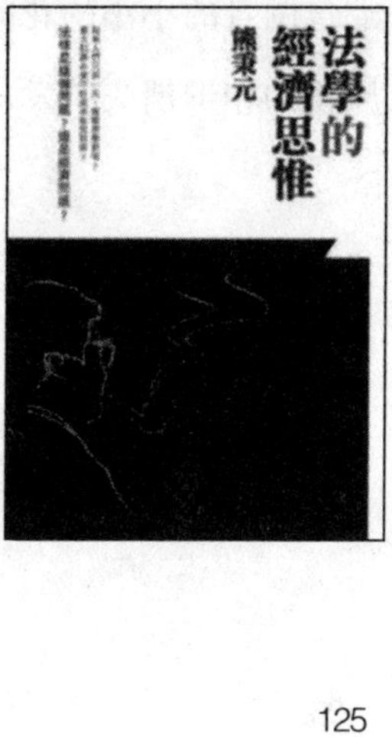

听说大坝街还有一家中华书局，简单研究了一番地铁站墙上

的地图，就沿着大河道一路去找。中间碰上荃新天地，到里面草草看了一家大众书局，依旧保持着“大众”本色。大门口又问了下门房，按他指的方向继续前行，还是不见踪影，又问一家工厂的门房，他只会粤语，说不知道这路在哪里。看看黑黑的天色，就有了放弃的意思，兜了一圈，又回到荃湾站，再看地图，其实只差一条街就走到了。

由台阶下去，在绿杨坊的后面，上一个土坡，朦胧看到了一排古榕掩映下的三栋屋博物馆。这差不多是荃湾仅存的老新界客家遗迹了，白墙黑瓦，老树的枝干被灯光打到墙上，竟有几分吴冠中画作的意韵。在高层住宅包围着的小小的花园走了半周，心里荡漾的，是旧时风物的相继消失引发的阵阵落寞。

二〇一三年十月十一日

大业艺苑

周六上午仍然上课，是基本法的最后一课，梁美芬教授通过张子强案、陆羽茶庄案，讲解中港两地移交罪犯安排以及司法管辖权的争论。据称，张子强临死前说，我不是死在普通法，是死在中国法，我对中国法缺乏研究。有人说，内地审判张子强是在干预香港，但香港警方、民众都不愿把他弄回香港审，怕的是按照普通法，搞不好又是无罪开释。看来，若是将香港法律的正义理念与中国法律的效率理念结合一下，会是一个不错的结晶体。

下午在金马伦道办完事，便开始了尖沙咀和尖东一带的淘书之旅。经加拿分道拐到加连威老道，找见了“寻书店”所在的兴明楼，但门房说早就关门大吉了。

于是沿弥敦道南行，穿过疏士巴利道底的隧道，便到了维多利亚湾边，凭栏远眺对岸的港岛，感叹这湾其实越发像条河了。若不是保护维湾协会这类组织的阻却，终有一天港九将会融为一体，维多利亚湾将成为老照片里的美好回忆。

在星光大道附近，依次矗立着香港艺术馆、香港天文馆和香港文化中心。先去香港艺术馆，主要是想逛逛里面的艺术书店，但被告知正在装修，那里的一个小伙子很友好地告诉我，装修完成之后，原来在这里经营的“大业艺苑”不再回来，你若想逛，可去尖东的香港历史博物馆，他们在那边也有店。踅入旁边的文化中心，从海报上看，大剧院和音乐厅常有一些不错的演出，此刻大堂里正在进行着香港青年协会主办的免费节目。边上有一家叫作“向日葵”的纪念品书店，演艺美术之类的书很有一些，竹久梦二的竟然也有两种，不过我都有了。

离开文化中心，经过广东道尽头的历史建筑群，望了望湾边矗立的那座钟楼，就赶往北京道，在一家大厦的二楼，有一家一九〇八书社，是从天津来香港念书的田姓青年所开，店名源自《钦定宪法大纲》出台的年份，所卖的也都是社会政治方面的“禁书”，看看也没啥意思。只拿了几种免费的艺文方面的读物，像什么《读书好月刊》、《东欧艺术 100》，店主眼光很敏锐，明了我的兴趣所在，又给我追加了一种文化 + 艺术 + 报道的《三角志》和一枚

西藏邮票的书签。

高潮出现在香港历史博物馆。这里正举办“伴你同行：香港巴士故事”的专题展，馆内馆外，布置了不少有趣的老巴士模型，惹得游人流连忘返。我则一头扎进了“大业艺苑”，在一堆大画册中细细翻检，居然发现了好几种很棒的版画，包括 *Contemporary Australian Printmaking*（《当代澳大利亚版画创作》）、*Les XX and the Belgian Avant - Gard*：*Prints*，*Drawings*，*and Books ca.* 1890（《比利时先锋派版画、素描和书籍插画》）以及 *Contemporary Printmaking in the Northwest*（《当代美国西北部版画创作》）。店主一直跟在我左右，见我是个买家，许下了跳楼价，这价格，在国内不够买一本，况且也买不到。当然也有代价：决定罚自己连吃十天方便面。

二〇一三年十月十二日

湾仔书展

晚上端洪兄在金钟请饭，下午提早出去，想顺路逛逛湾仔书展。出湾仔地铁站，正是修顿球场，一边正在打球，一边布成书展。大略一看，分成新书八折区、二十元区、十元区，先从二十元区开看，然后到十元区，少儿读物生活用书居多，但也有些不错的。二十元买了

一本《香港文学的传承与转化》，梁秉钧、陈智德、郑政恒编，香港汇智出版有限公司二〇一一年出版，回家后翻了翻才发现，里面收有香港岭南大学鲁嘉恩先生的一篇《回忆的花束：叶灵凤在香港》，文中多处引用我

那本《叶灵凤传》，说明叶灵凤的追捧者大有人在，只可惜本书主编梁秉钧教授也就是本港著名作家诗人也斯先生年初刚刚去世，要不然在港期间前去拜访共话灵凤该是何等乐事！十元一本的买了五本，都是中华商务的，分别是《圣经故事》、《食经隽语》、《亚当·斯密》、《凯恩斯》和《日本长销商品的发想力》，最后一本是台湾稻田出版有限公司出版，本来想作备选，稀里糊涂就买单了。买完单，就有资格进入百元一袋区，发你一个袋子，百元之内随便选。我问一个姑娘，最多可选多少本？她说人们一般选三十本。但我只看中了一本《篆刻入门》，实在凑不够三十本，只好作罢。湾仔书展今年已是第九届了。类似这样的社区书展还有很多，更大规模的香港书展则在每年夏天盛大举行，可惜没能赶上。

出得球场，顺着庄士敦道东行，不一会儿就看见了一家三联书店，立刻觉着第一次来港时分明到过这家。书店共四层，进去直奔英文区，想找那本 *Myself*: *A Madarin*，但不见踪影，求电脑旁的大妈搜索，她倒是调出来了，但记录显示所有的三联店全部没货。在艺术区，看中一本台湾艺术家出版社二〇一三年八月刚刚出版的《班尚》。班尚（Ben Shahn）是美国一位风格特异的社会写实画家，也是一位风格多元的跨媒材艺术大师。他曾宣称："我已赏尽精彩的绘画，饱读精彩的书籍。现今我已三十二岁，身为木匠之子的我，深深发现自己对庶民生活及故事深感兴趣，因此决心放弃法国之流的绘画。"班尚早期曾在曼哈顿Beekman街的一间版画商铺担任版画师傅的学徒，对下东城区巷弄里的生活氛围再熟悉不过。他在那里寻获无数令人折服的视觉证据，塑造了个人的招牌绘画风格。真的喜欢这些色彩有些阴郁却又艳丽丰富、题材有些世俗却又灵异超凡、形象有些怪异却又传神有味的画作。正赶上店里搞活动，八五折就拿下了。

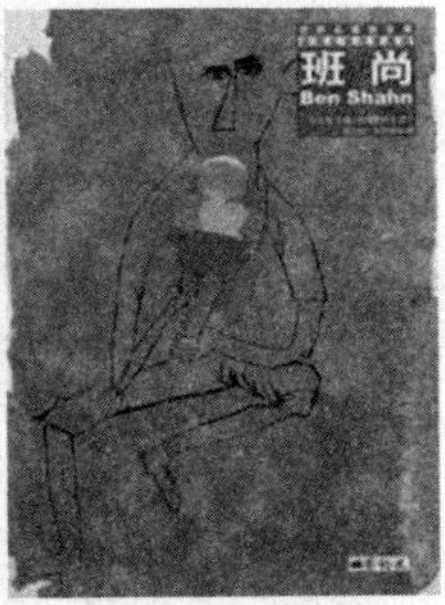

继续东行，从菲林明道上行，过了轩尼诗道，就来到骆克道，在路口等红灯时，一眼看见马路对面东惠大

厦楼上玻璃窗透出的书架和城邦书店的店招。城邦是台湾的出版重镇，当年在香港开店时颇有轰动，一直以台版书专卖为宗旨。到了楼上，只见到漂漂亮亮生活艺文绘本童书，找不到硬一些的学术著作，问店员是不是楼上还有店面，她说只此一层，也就不多流连了，赶到金钟，跟端洪喝酒。

二〇一三年十月十三日

九龙寨城

重阳节假期，细雨霏霏的天气，决定到九龙寨城周边踏访。搭港铁观塘线在黄大仙的下一站钻石山下车，视野之内，虽则仍有成片的高层住宅，但也望得见青山隐隐，老树青枝，杂花灌木，装点出几分乡野气息。进荷里活广场，成为楼上三联书店的第一拨顾客，但不消几分钟就出来了，充其量也只是个社区书店的加强版。广场里外到处都是三五成群放风的菲佣，不禁想起梁老师讲的菲佣居住权案。港人担心，这几十万菲佣若是有了居留权，紧接着就会是几倍于此的家眷的相继涌入，到那时，香港的命运就极有可能被菲律宾人攥在手里。不过港人也确实离不开菲佣了，这几天人质事件又有发酵，有人主张干脆拿菲佣开刀，但又委实觉得这是没办

法采取的措施。

踏着高低起伏的山路，跨过一条流水哗哗的沟渠，来到了新蒲岗。紧邻彩虹道，就是五芳街，网上有资料说，“掏书馆”就在这条街上一栋工业大厦内，但门房一劲儿冲我摇头，说根本没有什么书店。这已经是掏书馆第二次放我鸽子了，上一次是在港岛的北角。看来这家二手书店只能打一枪换一个地方。环顾四周，整个就是一工业区，书店开在这里，不关门也难。

南行再西转，跨过一个小桥，依次是衙前围村和东头村，都是九龙城很有历史的村落，至今仍保持着一些都市里少有的静谧和闲散。沿东头村道行不多远，就进入了九龙寨城公园的北门。九龙寨城为清廷兴建，《北京条约》割让九龙半岛南部给港英后，因九龙寨城位于界限街以北，故仍属中国领土。港英政府曾多次企图接管，但总是在中国官民的抵制下计划落空，不过寨城也因此成为三不管地带，黄赌毒泛滥成灾。一直到一九八五年中英签订联合声明，港九回归指日可待，九龙城寨才在中国政府允许下得以改造。现在，城寨的原址只留下一个公园，公园里只留下一个衙门。在衙门里思了一会儿古，瞎想，要是城寨不拆，保留一个特区中的特区，继续实行大清律例，未始不是一件有趣的事情。

特意走了走衙前塱道、衙前围道，内心不停地复原往昔的情景。就这样走着，一直走到了“南宋”，一块镌刻着“宋王台”几个朱红大字的石碑，悄然安置在宋皇台路一侧的小小花园当中。据史书记载，宋末君臣

江启明画宋王台

为避元军，曾经逃至九龙，因而留下不少“宋王”“宋皇”之类的地名。晚上闲翻香港老画家江启明先生图文并茂的《香港旧事重提》一书，正见到一幅宋王台的速写。文中说：置放石碑的地方叫做土瓜湾，原本有个小岛，岛上还有一个海心庙。后因填海工程，庙宇拆卸，小岛改成了公园。日本人在的时候，为了开辟机场，把宋王台石磐爆破，怎料三次都伤及士兵，他们认为此石有神灵，没敢再动它。

我之耽于这里，还有一层原由，上世纪三十年代叶灵凤初游香港，就住在宋皇台一间楼房里，夜晚推窗，看得见月色海涛、港岛灯火。《伴侣》杂志主编张稚庐还写过一首诗，记述此事：“半岛争看一俊才，宋皇台下写沉哀；不知十里衙前道，几见翩翩灵凤来。”这些地方、这些故事，我在《叶灵凤传》里都写过的，十年之后方来凭吊，内心自是百感杂陈。

二〇一三年十月十四日

裁判司办案手记

贺欣教授推荐了一本书，Austin Coates 的 *Myself A Madarin*：*Memoirs of a Special Magistrate*，这是一个英籍官员早年在香港担任裁判司（裁判司是处在司法工作最前线的法官）时写下的办案手记，其中包括了十六起形形色色的案件。由于是英文版，为了方便阅读，他特意让他的学生翻译了其中一篇《难民爱人》。说不清这属于一种什么文体，札记、回忆录？又有几分像是法律社会学的研究文本，总之非常引人入胜，当事人的话语、动作乃至眼神背后心灵的每一个细微变化，都被他敏锐地捕捉到，栩栩如生地为我们呈现出来。一般来说，法官在当事人面前当然要表现得中立，但可能已经是事后的记录了，字里行间难以掩饰他对于难民夫妻两方以及他们两个幼子的不同的爱憎好恶。透过男主人公沉静如水的外表，他深切体悟到："对中国人最大误解之一在于，很多人误认为他们就像外表表现得那样内敛、自制，认为他们的情绪和激情不像人类社会其他成员那样强烈。而我一直相信另一个极端：在中国人含蓄而自制的外表下，隐藏着也许是人类社会中最富有激情的内心。"兴许正是他读懂了男主人公的内心，本来可以做出维持这桩婚姻的努力，但他果断地选择了让他尽快解脱。

这几天很想找来这本书，但去过的所有书店都没有。那天在湾仔的三联书店，托店员在电脑上帮我查询，那位上了年纪的女士倒是检索到了，但她说，所有的三联店都没有了，出版的年头太久了。今天上了一天课，傍晚回家时临时动议到香港大学书店看看，自打上次去吃了闭门羹，一直没能再去，心中总有挂想。地铁坐到上环，又转坐五站巴士，就开始沿着西边街爬坡。上次去，没觉得西边街有这么长，坡有这么陡，可能今天身上背包太重，竟走得格外吃力。进了港大，又是一路爬坡，心想，若在这样一个山顶大学工作或者学习，再不喜欢运动的人也只能被动接受。港大的书店，很有格调，但书的品种似乎远不及中大，甚至连城大也比不上。英文书为主，又以课本居多，医学之类自然科学的占了不小比重。中文书很少，基本都是港版，无非常见的那些面孔。正在失望的情绪中打算打道回府，突然一眼瞥见底层柜子里那本红色书脊的 *Myself A Madarin*，马上乐了，心想，纵使万般不是，能让你淘到这本书，也足可一俊遮百丑了！难怪这书难找，因为它初版的时间远在一九六八年，手里这本牛津亚州纸皮本的印行，也是一九八七年的事情了。

二〇一三年十月十五日

高等法院

在学校计算机教室做了一个有关学术道德的小测试之后，全班同学在圆环广场乘车，去港岛拜会区域法院和高等法院。车经红磡过海底隧道，少见地出现了拥堵，据说这是由于这个隧道收费最廉的缘故。区域法院在港湾道湾仔政府大楼内，是一个相当于我们的中级法院的机构，管辖有可能判处七年以下监禁的刑事案件和声索款额一百万以下的民事案件。署理首席法官郭启安与我们会面并座谈。他自称普通话说得很普通，但总体还算流利，除了个别词汇需求助于译员的提示。

午后来到位于金钟的高等法院，正式参访之前，我们几个先跑进高等法院图书馆浏览了一通。该馆允许当事人和律师使用，法律学生亦可提出申请。不独法令和

一九一五年的高等法院

判案书齐备，中英文的法律藏书亦是非常丰富，其中包括不少一个多世纪之前的旧版图书。我就看到了整整一架的各普通法地区司法审查方面的著作。高等法院首席法官张举能在他平时使用的一号法庭跟我们见面座谈。张法官一九六二年生人，二〇一一年获任此职，之前是原讼法庭法官，专责人权法及宪法行政诉讼。座谈中，我请教司法复核与外籍人士担任法官问题，让张首席彻底打开了话匣子。

张举能法官说，司法复核案件只能由高等法院管辖，虽然案件不多，但影响很大。比如立法机构与政府的关系、对政府管制的挑战、选举权等，对政治的影响非常大。还有的涉及基本权利和福利，比如双非单非、外佣、同性婚姻，都很敏感。司法复核案件不是任何法官都可以审，我们把这种案件列为专类，选派一位法官专门处理。由于这位法官的曝光率比较高，就有市民问：你们高等法院就这一位法官吗？跟原讼庭只有一位法官审不同，在上诉庭一般由首席法官和另两位法官一同审理。比如外佣案，一审由原讼庭法官林文瀚审理，二审由我和上诉庭两位副庭长审理，这是最高级的三名法官了，上诉到终审法院后，更是由首席法官马道立亲自领衔，五位法官一同审理。香港的制度很清楚，无论案件多么重要，交给谁审，谁就负责。我不可以告诉林法官怎么判，他会根据法律自己做出决定。

至于外籍人士在香港担任法官，张首席说，基本法规定，除了马道立首席法官和我这个职位必须由中国籍香港公民担任外，对其他的法官并无国籍要求，这个规定有历史背景，我们在聘请法官时必须根据基本法的规定，不能考虑国籍问题，考虑了就是歧视，就是违反基本法。一般来说，外国国籍的法官处理香港案件基本没什么问题，因为对法律的理解不会有太大偏差。这些外籍法官也明了在一些问题上他们的长处和短处。与台湾澳门的“抽签”分案不同，在香港，各级首席法官在指定承办法官方面是有很大发言权的，这也能保证扬长避短。有些法官，看着样子是外国人，但可能从他爷爷那会儿就来香港了，说起香港话，比香港还香港。

在两个法院，都旁听了一会儿庭审，都是使用英语，加上粤语翻译。法官律师戴上假发，确实增添了一种不同于常人的神秘感。

二〇一三年十月十七日

易手宝

结束在高等法院的参访，顺脚去了中环的域多利皇后街，这条短得几步就能走完的小街，竟集中了好几家书店。三联书店就不用说了，多少年来总是在三联书店香港分店图书的版权页上看到“域多利皇后街九号”这样的地址，给足了想象的空间。三联书店旁边，至少还有三家书肆。先是集古斋。既是画廊，又是美术书店，大型画册不少，但基本都是中国书画，外国的几乎

没有。集古斋之外，就是位于十一号二楼的大名鼎鼎的易手宝。易手宝由陈氏兄弟于一九九二年创办，英文名 Collectables，

店址先后设在半山、荷李活道、兰桂坊、域多利皇后街（现址）等地，每次搬店不是因为租贵，就是地方太小，或人流不够多，但搬迁范围总是不出中环上环。店主坦言，开易手宝只为兴趣，最希望能提供一个空间给同好聚脚，他说，“我开店的回报不是金钱，而是与中环的连系、与客人的分享、与旧书碟的收藏，三者加埋的深厚感情。”易手宝收售二手书之外，最大特色是二手 CD 和黑胶唱片，现时约有二手书过万本，黑胶碟逾二万张，CD 碟约几千只。黑胶碟是不少港人的集体回忆，所以易手宝在音乐发烧友圈中颇有一些名气。可惜我不在行，空看着半屋子的黑胶，不知从何下手。相比之下，这条街上的尚书房就不似易手宝这样有趣了，虽则打出了“搬迁清货，全店七折”的告示，但那些东西实在恶俗极了，白送也不会要。

二〇一三年十月十七日

新亚图书中心

傍晚时分，到塘尾路与旺角道交叉口那家新辉眼镜店修眼镜，前几天睡觉时把一个玻璃鼻托压坏了。一个青年拿在手里那么一瞄，说，“换付新的”。话音未落，就拿起工具干上了，三下五除二弄好，拿布擦擦干净递还给我。“多少钱?”我把手伸进包里。“不用。”见我迟疑，他又重复一句：“不用。”这样一种情况，真有些准备不足。

散步到了西洋菜街，在山东街拐角处，由好望角大厦的门楣，一眼看见了“新亚图书中心”的牌子，这可是名气很大的一家二手书店。坐电梯上到十六楼，迎面就是“新亚”。面积不大，书堆了一层又一层。间或进来一两个客人，非常安静地绕着书架翻书。一位看上去足有八十多岁却身体极为矫健的老妈妈在看店，除了整理账目，也不停地把书搬来挪去。我问她可是老板，她递过来一张“苏赓哲”的名片，说：“我儿子才是老板，移民加拿大了，我替他看店。”说到苏赓哲，却是听说过一些。此君毕业于珠海学院文史系，嗜书如命。一九六八年，二十一岁的苏赓哲开始做书店。那时节，内地正值“文革”，除了毛选，别无他物。结果，全世界的图书馆都跑到香港“地毯式”哄抢内地“文革”前出版的旧书。最热闹的时候，旺角洗衣街上经营旧书的书店，开到成行成市。苏赓哲原来的店址是自己物业，因政府拆迁，赔了钱，就用那笔钱买下了今日的地盘。没有房租的压力，才能在这大浪淘沙的旺角书界屹立不倒。

新亚还有一个品牌，就是每年举办旧书字画拍卖会。有一个笑话。一次拍卖会上有一幅卜宁的条幅，上海的藏书家陈子善又托深圳尚书吧的扫红拍，又电话

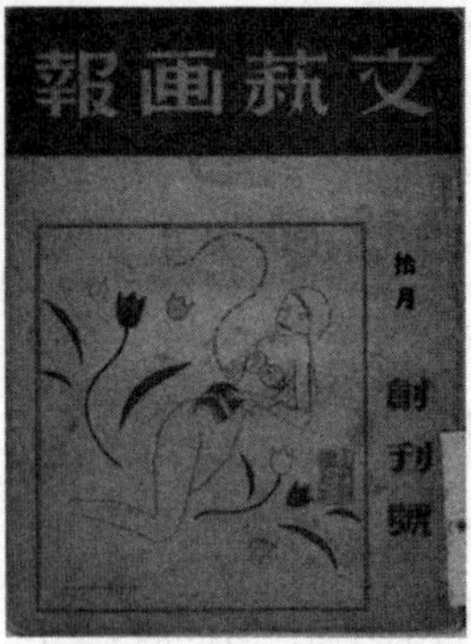

交待苏赓哲拍，结果扫红和苏赓哲两人抢上了，最后才发现竟是同一人在拍。再过几天，新亚图书中心第十二届旧书字画拍卖会又将在旺角弥敦道琼华中心开拍，从店里拿了一册目录，比较吸引我的有：黄俊东签名本《猎书小记》，香港明窗出版社一九七九年初版，起拍价五百港元。叶灵凤主编《文艺画报》创刊号，上海杂志公司一九三四年出版，起拍价四百港元。东京国际版画展一九五七年第一届展览会特刊，起拍价一百港元。日本当代版画展精美特刊（英文版），起拍价一百港元。提香英文版画集（一九六一年版），起拍价一百港元。米罗英文版画集（一九六一年版），起拍价一百港元。藏书票一批（包括叶灵凤的凤票），起拍价一万港元。其中不少属于黄俊东的藏品。黄俊东还提供了不少名家书信和手稿。另有一批名家致董桥的书信，应该是董桥本人提供。董桥的书里，不断读到他参加竞拍会的记载，拍卖那天去看看，没准儿还能碰上他呢。

在新亚一圈看下来，也淘到了两本便宜货，都是港币二十元，都是十成新的品相。一本是萧国健的《香港前代社会》，中华书局（香港）一九九〇年的初版，与叶灵凤的香港史地三书正是同一个文库。二十年前在纽约的时候，第一次看到这套书的样子。另一本是《法律、政治与我》，经济日报出版社二〇〇四年出版。著者汤家骅是香港资深大律师，曾任大律师公会主席。买下这本书，也是要看看大律师对于香港法政又是一个什么样的视角。随手读了几篇，已经见识了其对人大释法、外佣居港、行政主导、政改普选等热点话题的种种观点。一位熟悉汤家骅的大法官曾说，在才华与傲气的表像之下，汤家骅其实是个很单纯的人。董桥也曾在《小风景》专栏写过一篇“汤家骅的寻人启事”，说，“我留意到他谦逊里的激情，有点执着，有点顽梗，却

不忘拓出婉商的空间”。在激扬文字的背后，汤家骅的笔底似乎也隐约透出几分无助、沮丧和疲倦，他说，“记忆所及，香港社会从来没有现在如此偏激，亦从未存在如此深的分化。如果这代表与时并进的话，我宁愿活在过去。”回首近日发生的种种事件，展望年轻的“愤港”一代，料想这种“偏激”和“分化”，定会进行到底。

二〇一三年十月十七日

香港理工大学

林峰教授今天仍讲司法复核的依据，通过许多有趣的案例，说明英国法院在“不合理性标准”与“比例原则”之间的犹豫和彷徨，但无论哪种观点最终占上风，可以肯定的是，“不合理性标准”的内涵是在不断扩展，最终跟“比例原则”几乎没什么差别了。我提出，旧瓶装新酒似乎是英国人惯用的手法。无论如何，司法对行政的干预正在不断加强，却是一个不争的趋势。这也佐证了林峰教授先前所说的，两个宪法权力之间总要达至某种平衡。联想到，英国行政法为什么在二战之后结束了一个漫长的停滞期，而迎来蓬勃发展，就是因为行政权很长一段时期内超乎寻常地一权独大，控权的需要才变得格外迫切。控权是手段，平衡是目的。

其实就这么简单。

下午要去参访驻港部队，利用一段空闲，决定去香港理工大学寻访书店。在九龙塘坐东铁线，两站就到了红磡。穿隧道、过天桥，直接就进入了理工大学的校园。首先碰到包玉刚图书馆，自然进不去，但门外的庭院却是不俗，一棵大叶印度榕，一棵细叶非洲叶楝，几乎遮住了半面天空。一角的钟塔，也兀自亭亭玉立。问两个树荫下闲坐的女生，校园里有无书店，她们挥手一指，说，那边 VA 楼里倒是有一间。

VA 楼恰似北大的三角地，是个商业设施集中的地方。书店的名字叫 Stationery + Books，里面果然是书籍和文具混杂，总以为书没了该是文具了，却又迎来一个书的世界。但毕竟是理工类大学，自然科学的教材教辅成为主导，中文的艺文社科，并无稀罕之物。好不容易看到一本有趣的，是 Andre Deusul 于一九六七年初版、

一九七八年再版的*Hong Kong and its Many Faces*（《多面香港》），副题是“借来的地方，借来的时间”，封面是“文革”期间香港街景，经典的“文革”标语下，是几个白衣的港英人士的背影。此情此景，不禁让人想起一九六七年的五月暴动。那年四五月间，由新蒲岗人造胶花厂劳资纠纷为导火索，引发了“反英反帝殖主义运动”，一时间，香港街头风起云涌。这样一本有趣的书，只要二十港元。买或不买的犹豫之间，决定先把书名抄下来（因为一直自觉尊重香港的知识产权制度，从不在书店之内拍照），突然，一个看店的女郎冲过来，叽里呱啦说了一大串，我正色告诉她听不懂，她转用普通话说，你不能在书上写字，我说，我是在自己本子上写，她转而无语。这一折腾，即使想买也没兴致了。这还是我逛书店几十年初次碰上的事情。回去的地铁上思忖这事，觉得，香港社会的法治水平整体素质绝对高出一筹，但作为任何一个个体，如果过分表现出对内地大叔的倨傲，只能属于浅薄无聊。转而一想，她先是粤语发飙，说明未必专冲表叔而来，总之，不值萦怀。

回校后，全班集体乘车，来到昂船洲的驻港部队海军基地参观。鲜红的八一军旗在导弹护卫舰上迎风飘扬。有同学感叹，来港之后当了一个月孙子，今天才终于找到腰杆挺直的感觉。接待我们的一位海军军官却几次跟我说，不管别的，香港社会之崇尚法治总是值得赞叹的方面。穿过青衣岛，晚上在深井烧鹅正店餐聚，应邀出席的香港土生土长的梁美芬教授感慨地说，我们打小就以能吃上一根深井烧鹅腿为最大享受，那时节，许多孩子都习惯于悄悄攒硬币，为的是凑够钱能在爸爸妈妈生日时买一根烧鹅腿给他们一个惊喜。而现在，都是爸爸妈妈惦着给孩子过生日了。

二〇一三年十月十八日

Bloomsbury Books

域多利皇后街还有一家 Bloomsbury Books，专卖法律书籍，上次去适逢假日，没有开门。Bloomsbury（布卢姆斯伯里）是伦敦一个地区的名字，胡适早年曾将其译为“百花里”，直取 Bloom 的“花开”之意，而 bury 于词尾在英国通常指地区，所以翻作“里”。布卢姆斯伯里又是一个团体的名字。一九〇五年，弗吉尼亚·伍尔芙一家搬到布卢姆斯伯里的戈登广场花园四十六号，许多卓尔不凡的小说家、诗人、学者、出版家云集此处，他们高谈雅集，说诗论艺，逐步形成一个以伍尔芙、福斯特、凯

恩斯等为核心人物的文化圈子，布卢姆斯伯里以后也因之成为伦敦的文化地标。布卢姆斯伯里还是一家独立的高品质的文学图书出版公司，常销不衰的《哈利·波特》就是由它出版。但域多利皇后街的这家 Bloomsbury Books 虽然名字相同，却似乎与同名的公司并无直接的关系。

今天起了个早，赶在九点开门时分就来到域多利皇后街。电梯坐到十二楼，迎面就是店门。空间不算大，但布置得超雅致温馨，书架上、收银台柜身上还摆着贴着一些以法官律师为题材的漫画，包括一排九个呲牙裂嘴的大法官，真是可爱极了。书都是大部头的英文著作，法律的各个门类无所不包，单是司法复核方面的，就有半架，但价格实在能把人吓死。丹宁勋爵那几本书的原版，基本都在三百上下，这还算最便宜的。一本英格兰信息自由法，两千多；一本司法复核手册，三千多；一本刚刚出版的个人资料（隐私）法，四千多！

倒吸一口凉气之余，不禁感叹，法律真是一个昂贵的行当！可是，似我等这样也算高级法律人的人物，每月的薪酬竟买不起两本业务书，你说让不让人气短？店里没别的客人，看完一圈之后，在店员姑娘的注视下，干咳一声故作镇静地空手而去，连免费的书目也忘记拿了。

二〇一三年十月十九日

上海印书馆

域多利皇后街向西一条街，是祖庇利街，在街尽头顺联大厦的二楼，有一家上海印书馆。据说，上海印书馆与商务印书馆差不多同时期在上海诞生，是一家颇有历史的百年老店。当年在上海拥有自己的印刷所、编译所和发行所。上海印书馆成立伊始就定位模糊，严肃文学书、教科书、历书、尺牍、旧启蒙读物、医卜星相、学生补充读物、字典辞典及标点通俗小说等，杂七杂八，什么都出，所以时至今日，虽然同样拥有百年出版历史，但与商务印书馆难以同日而语。抗日战争爆发后，上海印书馆总管理处内迁，先在长沙设馆印书，后又分一部分移至重庆和广州。大陆解放后，上海、广州等地陆续有出版界人士携大批书籍及纸型来港开设出版和经销机构，上海印书馆也在其中。上世纪五十年代至七十年代，主要以翻印大陆常销书为主，以后，顺应流行文化在香港的大行其道，以主要出版医卜星相及历书为主，其他类别的图书出版业务基本处于停滞，仅剩下这一间二楼书店。

这家店虽说不大，布置也杂乱，而且是命理武侠主导，却也绝对有的可淘。看上了三种，都是老香港民俗方面的。一是吴昊的《塘西风月史》，次文化堂出版，说的是早昔圆姿替月的香江风情。钩沉索隐，娓娓道出，还配有不少难得见到的历史图片。第二本也是吴昊著，也是次文化堂出版，叫作《老香港·逝水无声》。吴昊的《老香港》系列还有好几种，分别是《岁月留情》、《炉峰述异》、《太平山下》、《天堂春梦》和《人海微澜》，为节省银两计，只选了《逝水无声》这一种，也算聊备一格。想找他的《孤城记》和《香江骑呢录》，却没找见。吴昊中文大

学出身，本职是电视编剧和电影电视系讲师，却素喜搜集撰述香港掌故。他将叶灵凤、吴灞陵、梁涛三位尊称为“开启港史掌故之堂奥”的“表表者”，其实他自己也是深得其真传。第三本是《绝书》，仍属港史掌故一类，却是以绝版书话的形式示人。仍是次文化堂出版，不过作者换成了天涯不晓生。此一名香港仔，亦好史料的搜储，自称藏书近万。《绝书》所选书目，皆为通俗读物，上至天文下至女人，一时一地风气跃然其间，有人说，看了这本书就如了解了一次香港百年转变。以上三书，定价本来就低，又打八折，绝对划算。

至于吴灞陵，近日所购三联书店（香港）有限公司新刊杨国雄著《香港战前报业》一书对其生平事迹颇多披露。吴灞陵自小就有阅报癖，因无力购阅报章，就在善庆街和乍畏街报馆的阅报栏前徘徊浏览。以后干脆投入报馆工作，半世纪无间断为报界服务。他一生喜欢藏书藏报，珍存的各类香港史地和报业发展的史料无人堪比。他著有一系列香港史地著作，前几天新亚旧书拍卖会还有他的一本六十年代出版的旧书《新界风光》。他本拟撰写一部完善的香港报业史，并且很早就已拟好大纲，可惜天不假年，未及完成夙愿。他去世后，香港大学孔安道纪念图书馆购买了他的整批藏书，该馆馆长杨国雄借助这一丰富宝库，先后出版了《香港身世文字本拼图》和《香港战前报业》，这倒无异于吴灞陵灵魂附体的一段佳话。吴灞陵的生卒年与叶灵凤极为相类，且职业相同、兴趣相同，不知是否有过交集。

在上海印书馆买次文化堂的书，绝对称得上适得其所。次文化堂是一间专“为俗文化而战”的小出版机构。社长彭志铭，有说是继梁涛（笔名鲁金）和吴昊之后研究香港俗文化的第三代传人。年轻时，彭志铭刚刚离开电影界，觉得正是香港吃喝玩乐好年代，就和几个朋友合资二十万搞了一本“搞搞震”的《次文化双周刊》，瞬间便化为乌有。后来推出两本王牌书，分别是嘲讽前特首的《老懵董》和前高官的《扫把头》，不仅开创香港出版政治漫画书的先河，也令次文化堂转亏为盈。直到今日，九十九巴仙“知佢系阿水”的香港人，听到彭志铭大名的第一个反应大概都一模一样：“彭志铭？次文化堂卖《老懵董》卖到开巷之后发达果个啰！”

但彭志铭也有走麦城的时候。二〇〇八年香港书展期间，彭志铭他们在摊位摆卖新书《老咸书》，遭影视及娱乐事务管理处的官员敕令禁卖。禁制《老咸书》的那名官员说，书内展示女性身体，只有乳头及敏感位置打格、用图案遮掩，是不足的，必须立刻收起！其实，这本

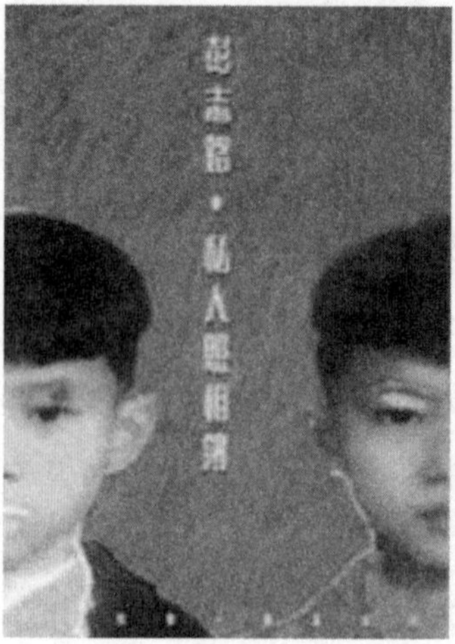

《老咸书》和《老咸书Ⅱ》我前两天买到了。书的作者化名江湖忠人，是一位香港文化研究者，花了三年多时间，整理香港六七十年代本土成人杂志的研究成果。虽然介绍的是“老咸书”，但本质上还是一本文化研究的著作。江湖忠人称：

“淫”是咸书的本命根源，但其中也断不是页页娇躯、处处毛踪的，若从文献的角度来看，它可以说是社会次文化的一大载体，只要细加分析，不难发现其讯息层面广泛，内容丰富，可说是一套厚甸甸的生活文献集。

从技术处理的角度来看，彭志铭的本意也并非贩卖咸湿。他说：

因为作者的文章内提及不少个案，须用那些老杂志刊登过的原图片作解说，例如“封面女郎不一定用美女，可以是很吓人的中年妇”，或“两点尽露，始于何时”，和“本地模特儿的不专业骑呢姿态”等等，我们在这些有可能露点的图片上加工，不止先打格仔，还在格仔上补上花纹、图案——我们这样做不是想走法律罅，而是我不要别人误会我们藉此贩卖色情。

但当彭志铭正向那名高官解释他的出版取态和原意时，官员却截停他，字正腔圆地说："你唔使讲咁多，我系无文化嘅……"碰上这样"无文化"的官员，"次文化"的彭志铭只有无语。但他为俗文化而战的决心并无动摇，他笑谈香港小出版社其实已在死亡中，能杀出一条血路，就是本土文化，在死亡中他们会坚持出版"香港人的书"，直到百分百死掉。

二〇一三年十月十九日

南丫岛

在租庇利街逛完上海印书馆，穿过过街天桥，来到中环四号码头，拍八达通上船，不消半个小时，就到了南丫岛的榕树湾码头。之前只听说发哥长于斯岛，今天才听 JOE 说，还有个麦兜，也是这里家乡。榕树湾不仅榕树多，村子也叫榕树村，小街也叫榕树街。榕树街宽不过几尺，却也别具风情，特色小店，海鲜食肆，围拢两旁。快到小街尽头时，猛然看到一间“南岛书虫”，急忙进去，原来并非书店，而是食屋，但那一壁图书，又远非一般了了的食屋可比。随后，开始沿着蜿蜒于山间的家乐径暴走。一路奇树异花，鸟鸣山幽，山海壮丽，空谷人稀。三小时不停的跋涉之后，终于抵达南丫岛另一码头索罟，却已是博寮海峡另外的一边了。

以前知道南丫岛，还因为读叶灵凤《张保仔的传说和真相》。张保仔是清朝时候威震南中国海的海盗头子，全盛时期据说拥领三四万多海盗及六百艘战船。他以沿海岛屿为基地，横行广东沿岸，主要劫掠运盐官船或外国货船。其他商船要经过他控制的地区，也要先交纳“行水”。相传张保仔骁勇多谋讲义气，虽然横行南海，但因出身贫苦，所以特别爱护平民，在向乡民购粮时，往往加倍给钱，并保证不滋扰贫民和渔户，因而深得穷人支持，视他为劫富济贫的侠盗。后来，张保仔接受清朝政府招安，封三品武官，派驻澎湖清剿海盗。

相传，香港许多地方都有张保仔的遗迹，例如现今香港岛的西营盘，传说就是当年张保仔营寨的旧名，太平山山腰的古道，也被命名为张保仔古道。南丫岛亦有张保仔藏金洞的传说，在岛的北段沙埔村后尖鸡山上。但据叶灵凤指出，以张保仔的地位及声势，官兵对之犹有所惧，张保仔不可能亦不须藏身于陆上山洞，亦不可能将金银财宝埋藏于陆上。他认为香港故老相传，有关张保仔藏宝之说多为传说，而非真实。我听叶灵凤的，也就懒得去寻洞觅金了。

中环九号码头上岸后，见天色尚早，又杀向维多利亚广场，造访香港中央图书馆。馆内一楼，有一家商务印书馆开的书店，叫作“慢读时光”。正逢打折，折扣够狠。竹久梦二那本《画与诗》，打到六折；《叶灵凤香港史系列》一套五书，更是对折出售，实在物超所值，可惜我早已有藏了。想买下陈平原的港版《左图右史与西学东渐》，又有些迟疑，斗争良久，终是把那一丝贪念扼死腹中了。

二〇一三年十月十九日

大会堂

昨天从中环九号码头出来，本来是要到爱丁堡广场找那家美术书店大业艺苑，书店没找到，却进了大会堂。所谓大会堂，原来与我们的概念截然不同，也是个为市民提供艺术享受的场所。旧香港大会堂于一八六九年落成，一九四七年被拆卸，部分土地用为兴建中国银行大厦。

一九五〇年，中英协会敦促政府兴建新大会堂，政府乃委托市政局参与策划建筑物的设计与发展，包括设立博物馆、公共图书馆和演艺场馆等，最后选址于中环爱丁堡广场的填海地。一九六二年落成启用的新大会堂，建筑风格呈现包浩斯特色，沉稳庄重。香港大会堂曾经是举行官方仪式和庆典的重要场地，殖民地时代的

一八九〇年的中环大会堂

多位港督都在这里举行宣誓就职，现时每年一月举行的法律年度开启典礼，也是在大会堂及对面的爱丁堡广场进行。

进去浏览一圈，各种演艺展览活动丰富得超乎想象。政府非常注重导赏服务，定期更新、免费取阅的《艺术地图》、《艺讯》等小册子，整合了全港所有的公立私立机构与艺术有关的活动讯息，确能收到政府所希望的“Art is in Your Hands”的效果。随便翻了翻，就能发现不少感兴趣的，比如吴冠中精品展览、东欧电影风云、中国传统民间木版画展，而这只是百花丛中一朵两朵而已。作为大会堂组成部分的香港公共图书馆，规模亦很宏大。说起来，香港的公共图书馆确实很发达，就连南丫岛，也有一南一北两个小馆，可惜周末下午闭馆，没能进去领略一番。铜锣湾高士威道的香港中央图书馆，不仅藏书丰富、环境优雅，对公众的服务更是细致周到到了极致。昨天只重点去八楼看了看香港文学资料室，就已大开眼界。馆方致力保存本地文学，相关藏品超过四千多项，不独书籍，还包括手稿、函牍、剪报、图片、音像，另设有重点作家文库以及善本阅览室，确实为本港文学研究提供了大大的方便。

二〇一三年十月二十日

元朗·屯门

好多年前的事了，在蛇口海边，一位在香港工作的朋友指着对岸一片白色的高层住宅，说：“那是元朗。”打那以后，在我心中元朗就跟香港划上了等号。今天周末，何不去元朗远足呢？主意一定，背包便走。荃湾线坐到美孚，换乘西铁线，站大，不几站就到了。读地图得出结论，好玩的应该在元朗的下一站朗屏，所以就在朗屏下了。出站后朝着热闹地方走，穿过几条食肆鱼档挤成一团的街巷，就到了当地人所说的“大马路”（其实是青山公路元朗段）。大马路两边的建筑，远没有港九那边那么精致光鲜，却也平添了几分质朴和粗犷。马路中央，是两列锈迹斑斑的铁轨，轻铁叮叮当当地来回穿梭。

一九六〇年代的元朗

本意是要找三联书店的旗舰店，却先在谷亭街口看见一家绿野仙踪。只有一位女孩在看店，音响里放的轻音乐十分好听。除了一些日本动漫，基本都是内地图书，多数都是五折出售。为了图一点点便宜，大老远的再扛一堆出口转内销的回去，也没意思，因此就忍住了没出手。拐回大马路，就来到了三联，名字叫作“元朗文化生活荟”。规模确实不小，楼高四层，占地两万多平方尺，虽然店家意在打造成一个融阅读、生活、文化为一体的巨舰，但从装饰、陈设、乃至咖啡馆的情调来看，还是跟诚品差了一大截。不过有此一个不错的去处，已经是元朗人民的福分了。买书三本。一是叶中娴的《新天方夜谈：窥视中东》。本来已有简体字版，但香港三联的这一版，设计上讲究多了。叶中娴是灵凤先生最小的女儿，她和姐姐中敏一道传承了父亲的煮字功夫，灵凤先生有知，定会欣慰有加。二是台北人人出版的《东京文学散步》，当中涉及竹久梦二的地点有三处：一处是谷田川通，一处是杂思谷，一处是涩谷，都是他曾经住过的地方。再去东京，可以按图索骥，寻访梦二的旧踪了。买到的第三本是陈麦青的《书物风雅》，这已是李世文编辑的园田文库小精装的第二十二种了。经过计算，打折之后并不比国内贵，也就先睹为快了。

本来，元朗还有一家新华书城，估计是新华书店开的，店址原先在港岛，搬来搬去的快搬到深圳了，地理不熟，也就懒得去找了。踏上轻铁，去到天水围那边领略屏山文物径。这轻铁的确是轻，只有两截车厢，忽儿闹市街心，忽儿乡野山间，上下方便，任人驰骋。屏山文物径蜿蜒一两公里，串连起北宋年间即来元朗定居的邓氏宗族建立起的“三围六村”，寻径踏访，足堪领略过往新界的传统面貌和宗族生活。我由香港唯一的古塔楼聚星楼为起点，穿过古意盎然的坑头坑尾两村，沿途经过了社坛古井、邓氏宗祠、观廷书室以及上璋围，一路古木扶疏、新花似火。怅然之间，重上轻铁。

下一站是岭南大学，西铁兆康站下来，往虎地方向走，很快就站在了大学门前。岭南大学初设广州，以后因战乱等原因在粤港澳三地频繁搬迁，其在广州的老校址，就是现在的中山大学。眼前的这个校门，正与昔日广州时的校门相似。我专程跑来岭南，一是为了梁秉钧（也斯）先生曾长期在这里任教，二是为了一逛岭南书店，可是，书店周日没开，也斯也已驾鹤西去，委实让人黯然。

回程的西铁已开出一站，想想既已到了屯门跟前，如何也要去看看，就又换了另一侧的列车回返。屯门开埠甚早，本是香港的地域中心，英国占领香港后，改以

一九六一年的屯门旧墟

中环一带为重心，遂使这个昔日重镇沦为西北一隅的偏土。天色已暗，不惶远走，只在市中心一带一通乱走，竟也找到了两家书店。一是屯门时代广场内的商务印书馆，可惜无甚可观；一是屯门市广场内的大众书局，竟淘到一本不错的东西，香港画家江启明随笔、写真双合一的《香港旧事重提》。今天一天逛的都是香港旧事，以这本书结束一天的行程，似也是天意。

二〇一三年十月二十日

辰衝书店

王贵国教授的课终于登场，偏偏今天换了教室，课表信息在手机里存着，偏偏今天手机又忘在了寓所，赶忙跑到学院办公室找文员问，她一指旁边的门，“就在这儿”。推门进去，已经开讲了，椭圆的桌子已经坐满一圈儿，只好在后排角落里找把椅子坐下，谁知王老师一会儿扔过来一句话：“当年开会，小平总是坐在角落，主席说你这是敬而远之啊。”王教授的气场确实足，三个小时，时而侃侃而谈，时而发动讨论，不带任何讲稿。他说，早年在北大念书时，有两个风格各异的老先生，一个提前派发讲义，又在课堂上自己照读一遍；一个不提前派发讲义，学生就在下面拼命记。后来到了耶鲁，听 Reisman 的课，并不念讲义，就是跟学生谈一些其他的书啊文章啊，感到很震撼。今天王老师也是采用漫谈，说的是做学问写论文的方法。他说：“与其授之以鱼，不如授之以渔，接下来就靠你们的吃苦和实践。”下午一边读讲义，一边绞脑汁，越琢磨，越压力山大；越琢磨，越手足无措。就像有的同学说的，真是上贼船易，下贼船难。

辰衡书店旧景

傍晚去金马伦道办完事，顺路去附近的乐道寻访辰衡书店。乐道在大清真寺旁，路名的来历还有一段故事。当年尖沙咀一带是英军营房，招募了不少印度兵，军营生活枯燥，不免寻花问柳，性病诊所也就应运而生，就开在乐道这地方。英人管这号诊所叫 Lock Hospital，等以后将此处辟为街道时，因利就便也就取名 Lock Road，中译“乐道”，也被认为有些反贬义为褒义的效果。不知是否基于历史传承，在乐道竟罕见地看见一家夜店门口挂着 Table Dance 的暧昧海报，隔壁一间小小的总统书店，竟也专门发售露骨的写真画集，这情形在来港之后还从未碰上。我们总讲香港保持资本主义生活方式不变，但究竟什么才是资本主义生活方式呢？反正现实所见的生活方式远非想象中那样糜烂。

辰衝书店，英文名称 Swindon Book Co. Ltd.，创始于一九〇八年，是一间专卖英文书的百年老店，一路坚持到今天，当属难得。在西环那边去过它的分店香港图书文具有限公司（Hong Kong Book Centre Ltd.），情调就不错，乐道的总店规模大多了，门脸开阔，且是两层，店面布置亦很有书香气氛。老店自有老店的深厚，书物不都是全新，反而能意外淘到几本价廉物美的老东西。

唐英伟自制藏书票

最珍贵的恐怕是唐英伟的《版画与雕塑》，竟是一九七〇年的初版本，发行者正是辰衡书店。关于唐英伟，藏书家谢其章曾经撰文盛赞他是“中国版画史上的被遗忘者”。当他自一家旧书店的乱刊堆中翻出一册唐英伟设计封面的《文艺季刊》时，“不禁大喜”。谢其章在文章中说：

唐英伟何许人也？他的封面画为何如此令我惊喜？唐英伟，一九一五年出生，广东潮安人，毕业于广州市立美术学校国画系。一九三四年与李桦等共同发起组织了广州现代版画会，并共同创办了被鲁迅誉为“内容以至装订，无比优美”的《现代版画》，自一九三四年十二月至一九三六年五月，共出十八集。岁月悠悠，物是人非，《现代版画》存世甚少，可列为“新善本”一份子。

据谢其章说，《现代版画》第九集附有“藏书票特辑”，内收木刻藏书票十一枚，由李桦寄赠鲁迅一册，《鲁迅日记》一九三五年五月三十一日有记。这个“藏书票特辑”是中国现代藏书票史上的重要文献。唐英伟不但是较早的木刻艺术的实践者，也是较早的藏书票艺术的实践者。在《鲁迅全集》中仅有三处提到“藏书票”，其中竟有两处与唐英伟有关。鲁迅总共收藏的二十四枚书票中有十枚是唐英伟制作的。

这本《版画与雕塑》，中英双语印刷，收入木刻四十二幅，雕塑二十一幅。唐英伟在序中说：

> 自一九二九年上海掀起介绍西洋木刻的浪潮之后，我便开始从事现代中国版画的创作了。

在中日战争期间，我创作了很多木刻版画，编辑三册木刻集，由香港商务印书馆出版，于一九四一年出版第一集，第二次世界大战爆发后，我的作品全被焚毁了。虽然在颠沛流离的生活中，我仍不断的努力创作，直至一九四七年之前，在广西，贵州，重庆，上海，杭州，南京及广州各地举行我个人的木刻创作展览会。

战后余生的我，身边只珍存数十幅版画，我想：与其藏于箱箧，任其虫蛀湮没，实在可惜，不如汇集一部分近年的雕塑作品，合并出版，藉以介绍我过去卅年创作版画的风格，更为有意义。

据藏书票收藏家吴兴文在《博览群书》撰文，唐英伟的《藏书票集》可说是中国第一本藏书票集。一九九五年三月，他还由梅创基带领去香港拜访唐英伟，他已过八十高龄，还在为香港九七回归创作一幅超过百米的香港本岛、九龙及各岛屿环岛风光的水墨画。据说，他在七十年代出版这本《版画与雕塑》后，再也没有参与任何公开的活动。他曾说：“我的木版已化成灰烬，而我的内心却仍热烈的期待着！”从《版画与雕塑》版权页透露的信息看，唐英伟还出版过一本《中国现代木刻史》，并预告再版，只怕更是难寻了。

其余的几本也几乎都与版画有关。一是《中法民间版画：王树村及亨利·佐治藏品展》，出版者是法国驻香港澳门总领事馆和香港大学美术博物馆，应属不易搜求的半正式出版物。王树村和亨利·佐治分别是中法两位民间版画的收藏大家，据说两人的藏品都在万幅以上。在法国，民间木版画曾经非常盛行，迄今保留下来的只有埃皮纳勒的画片。这些作品的题材与中国的木板年画非常近似，譬如传奇故事、历史事件和人物。将两国的民间艺术瑰宝珠联璧合地搞一个展览并结集成书，倒是一件很有意思的事情。只可惜我买到的这本封面稍微有些卷角。二是伦敦 Thamas Hudson 出版社

二〇〇三年出版的 *The Beauty of Life*：*William Morris the Art of Design*，收有不少莫里斯的精美书籍设计图案。三是大英博物馆出版社二〇一一年出版的 *Ex Libris*：*the Art of Bookplates*，精选经典藏书票一百帧，时间跨度将近五百年，从一四八六年出生的 Wolf Traut，到一九八七年去世的 Mark Severin。其中竟然有比亚兹莱的两帧。一帧是一八九三年为医生、作家 John Lumsden Propert 创作，另一帧是一八九七年为 Olive Custance 创作。结账时，我问店员，辰衝搬到乐道多少年了？她说，好多年了！好多年了是多少年呢？反正只有百年老店才敢有这口气。

二〇一三年十月二十一日

太古城

这几天，香港电视申请免费电视牌照被拒事件持续发酵，媒体称香港电视决提司法复核，多位泛民立法会议员也要求公开行政会议有关免费电视牌照发牌讨论的文件，甚至建制派方面也提出了公开资料的要求。这当中的法律问题是，行会讨论文件是否属于秘密、政府有没有说明理由的义务。特首梁振英坚持行会讨论记录的保密性，但前政务司司长唐英年认为，行会保密制原意是让成员畅所欲言，但只是保密讨论过程。他同时认为："公众系有一定期望，而呢个期望今次系落空咗，所以我觉得政府系欠咗市民一个说明。"立法会主席曾钰成也指出，既然政府仍作此决定应有其理据，这些理由是否重要至当局无法改变决定，要政府自行评估，政府应交待更多详情，因市民及政党都不满意当局现实解释。对于日前十二万人上街，他更引用冯炜光戏言，笑说，我只能讲三个字："不能漠视"。今天上午上课前，跟林峰教授讨论这一事件，他亦强调说明理由可能成为司法复核的依据。

中午集体乘车去港岛北角渣华道参观廉政总署。傍晚结束参观，顺路去太古城访书，在太古城中心二楼找到了香港图书文具中心（Hong Kong Book Centre Ltd），属辰衙旗下，故仍以英文书为主。在一架美术书里，翻出一本 *The Art of The Woodcut*（《木刻艺术》），收录一九二〇年代的大师级木刻作品，Dover Publications 于二〇一〇年出版。另有一本是Prestel二〇〇六年出版的 *Rembrandt*（《伦勃朗版画集》）。在不多的几本中文书中，找到一本牛津版的《都市蜃楼：香港文学论集》，其中徐霞《论〈幻洲〉中的香港来书》和《香港沦陷时期文艺副刊研究》两篇文章涉及叶灵凤，不过资料和论点，于我都不算十分新鲜。又进到 Apita，想找日本图书快线，里面很大，商场超市似乎专卖日本货，但四处也不见书店的踪影，想想即便有也很有可能就是些流行读物而已，也就不再费力找了。

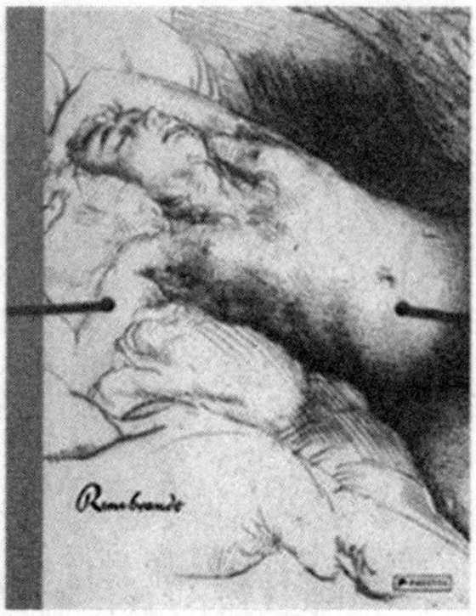

二〇一三年十月二十四日

佐敦

林峰教授的香港行政法今天上午讲完了最后一课，很有些意犹未尽、怅然若失的感觉。林老师永远穿戴齐整，谦谦君子的样子，讲起课来不疾不徐，不火不温。课件基本是英文，一边念一边即兴翻译，中文的表达反而比不上英文畅快了。他对英国、香港乃至澳洲等普通法地区的经典判例非常熟悉，条分缕析之下，司法复核的一些重要原则的流变和发展就被形象和直观地展现出来。今天讲解解决行政争议的其他机制时，涉及好几个有影响的案例，其中香港教育学院合并风波尤其有意思，就想下午去教育学院走一遭，顺便逛逛那里的书店，因为昨天买的那本《都市蜃楼：香港文学论集》就是教育学院中文学系与中大中文系教师的合集，想必那里的文学研究水平相当不俗，书店也该有些档次，但网上一搜，校址是在新界的大浦，比中大还远，而且下了东线火车再倒巴士到学校非常不方便，就不愿贸然费这周折了。

图书馆磨蹭半日，傍晚回寓时地铁多坐了两站，到佐敦一带搜搜书店。先到柯士甸道霭云大厦的阁楼找 A & P 书局，怎么也找不到踪影；又到白加士街寻文苑书店，只看到桑拿夜店鳞次栉比；再到长乐街觅金宝书局，依然缈无痕迹。西贡街二号据称有一家森记书局，到门房一问，说九楼是有家书店，电梯上去才发现，不是什么森记，而叫“石斋”，碑帖画册、文房四宝、石章印泥，蔚成大观，应该是只有琉璃厂才有得一见的气象。不过，美术书籍画册虽然不少，但都是中国书画方面的，西洋东洋，全付缺如。倒是看到一本《沈柔坚版画选集》，内地出品，品相很一般，八十三元的定价也很不值。跟店家索了张名片，也便下楼了。香港昂贵的地价搞得一些小型书店只能东迁西挪，搞不好从此寿终正寝了也是有可能。所以，对于一些小字号，若不打听好虚实，真不敢贸然前往。

沈柔坚版画《赶集》

返回时，总算在佐敦道和弥敦道街角找到商务印书馆的佐敦图书广场，店里正搞秋季促销，一些书低至五折，一般的书也有八五的折扣。买到一本戴耀廷的《法治心：超越法律条文与制度的价值》，很大篇幅是在论述香港司法复核制度的最近发展与未来走向。戴耀廷对于香港终审法院在后吴嘉玲时代所面临的挑战有着比较深切的体认，他说，“在香港这样独特的政治环境，要能使‘一国’和‘两制’都认同裁决，终审法院不单要有高超的法律知识、透切的洞悉力及清晰的法律分析，更要有政治智慧在‘一国’与‘两制’之间寻找到一个多方都能接受的平衡点。”关于书名“法治心”，作者这样诠释：要实现法治，要求执政者、官员以及普罗大众，都要发自内心地相信法治的重要性，拥抱那超越法律条文及法律制度的核心价值。想想我们，法律体系倒是形成了，“法治心”呢？

二〇一三年十月二十五日

梅窝

互联网上乱搜书店，搜到一家特色小店，名字叫作Imprint Bookshops，是一位英国老书虫开的英文古旧书店。Imprint，这词跟版画好像，倘译成中文涵义也确实差不离儿，是“印刻”，正是版画的一道工序。印刻书店设在梅窝，梅窝则在香港第一大岛大屿山上，当然要

去一趟。从中环第六码头上船，只消半小时航行，就已停靠在银矿湾边的梅窝码头。出码头是一条安静的市街，街的起点处有一丛秀美的槟榔，槟榔树下，汇丰银行的旁边，正是要找的印刻书店。

推门进去，但见书丛中坐着那位鹤发朱颜的店主，一件粉白相间的T恤，更让他显得精气神儿十足。一声招呼甫一打过，倏然就看见离他最近的传记与回忆架上那本比亚兹莱！赶快拿下来捧在手中，原来是 Matthew Sturgis 写的比亚兹莱传记 *Aubrey Beardsley：A Biography*，伦敦的 Harper Collins 一九九八年初版。精装一厚本，除了外封的边缘略有磨损，一切完好如初。书中穿插了不少比亚兹莱的生平照片和黑白画作。作者在导语中说，比亚兹莱不幸凋谢于花季，但他委实是一朵盛开的花蕾。无论从哪方面说，他都堪称一个真正的艺术家。

这当儿，店主开口了："你这么喜欢比亚兹莱？我也是的。还有黄面志！"他起身在画册架上为我找另一本比亚兹莱的书，怎么也找不到，我自己也细细筛过一遍，也没发现。老头儿就说："没关系，你可以留下电话，一旦找到我立马通知你。"

不过呢，也还是有收之桑榆的美事，这就是 Alan Horne 编著、Antique Collector's Club 出版社于一九九四年出版的 *The Dictionary of 20th Century British Book Illustrators*（《二十世纪不列颠书籍插画家辞典》）。除了有对上世纪不列颠木刻创作、封面设计、商业艺术和童书插画的总体回顾，还有海量的书籍插画家辞条，更收入上千幅经典插画。

美术方面，其他可观的就不多了。印刻书店的主打，是一二百年前的初版书和孤本书，细细翻弄，也确实看到不少不错的东西，像T. S. 爱略特的初版诗集，就有好几种。不少书里都夹有一个黄纸条，说明版本情况，尤其注明这是一个海内孤本。但价钱也不菲，多数在五六百上下，个别几种，甚至达到一两万。有一套哈代文集，一函精装六卷，定价八百，虽只是十几年前的新刊，但书中著名画家专为此书创作的木刻实在惹人喜欢，踌躇之下，出于经费和运输方面的考虑，最终没有出手。

结账时跟老头闲聊，知道他名叫 Terry Boyce，一九七〇年代从英国移居香港，曾在香港大学担任物理系教授，但本人酷爱文艺和读书。还是上世纪末的时候，在愉景湾他家旁边，有一间细小的英文书店，老板告老还乡，他就接手下来，从此开始了书店生涯。“开书店，”他跟我说，“就是一个乐趣而已。”我问：“听说您可能要远走新西兰？”他说：“也许，可能晚些时候。我喜欢那儿。”说这话时，他的眼光清幽如水，也许是对远方的期待，也许是对眼前山水的不舍。见我又是“访谈”，又是拍照，Terry 不无狡黠地问：“作家？”我说：“我喜欢逛喜欢写世界各处的书店，没准儿下本书就会写到您和您的书店。”他立刻显出一副开心的样子：“那太棒了！”

作别印刻，登上开往东涌的巴士，一路绿树青山，也只在眼前海潮般冲来又退去。

二〇一三年十月二十六日

铜锣湾

昏睡半日，傍晚时心想无论如何也要出去走走，就到了铜锣湾。D1 出口一出来，就是骆克道，一眼就看到了铜锣湾书店的招牌。仍然是那种二楼书店，布局也大同小异，但这家书店的老板却跟别处不同，喜欢跟顾客聊。看他有五十多岁的样子，长相有些像瘦瘦高高的周海婴。一会儿来了位操京腔的老先生，听口气像是老主顾了，店主一路领着他推荐新书，一会儿功夫就挑了五六本，我旁边听着，知道全是那种政治秘闻之类的，而这也正是该店的主打。过一会儿又来一对儿大陆小夫妻，男的大呼一声“知识的海洋”！就一头扎到秘闻堆里；女的一边听店主推荐旅美上海作家李劼的新著《中国文化的冷风景》，一边不时蹦出几句很不着调的话，说得店主也兴味索然了。这些粗制滥造的东西，我是懒得碰的，但对于一般内地来的游客来说，却是感到最新鲜的，那应该是在追求一种雪夜灯下读禁书的快感。这家店开在崇光百货后身步行街上，正是陆客云集的地方，兴许就是占了这地利的光，也坚持了足有二十年了。

骆克道上，还扎堆儿云集着绿野仙踪、开益书店、乐文书店等好几家二楼店。绿野仙踪专营内地图书，几无可观，还不如它在元朗的分店有的看。开益书店虽则也有一两架那种政治秘闻，但绝对不属主打，心情上就少了许多躁动。居然发现一册《版画台湾》，大红的封面，分外喜庆。书由台湾晨星出版有限公司二〇〇四年初版，作者杨永智中文系毕业后，全身心投入台湾传统版画的乡野调查和环球搜访，

他自己亦拜师学习传统水印版画技法，对“版画珍珠”藏书票在宝岛台湾的发展历程也是颇有心得。这本书既有他的研究成果，又附有大量珍贵图版，有幸淘到，亦是缘分。乐文书店更是主打台版书，店里低声放的国语歌曲，先就有了一种一般港岛所不具备的氛围。搜出一本艺术家出版社二〇一〇年出版的《凯尔希纳》，这个桥派灵魂人物的画作也是我喜欢的路子。又搜出一本熊秉元的《法律经济学开讲》，是时报文化二〇〇七年的出品，品相却还是完好如新。林辉煌在序言中说，霍姆斯大法官早在一八九七年就曾预言法学与经济学未来终将融合之趋势，真乃先知也。

听人说，崇光百货楼上有家日本书店，先前访港时倒也逛过崇光，里面还有书店却无论如何也想象不到。店在十一楼，占了整整一层，中文名字叫旭屋书店，英文则写作Asahiya Bookstore。对于一般日本读者来说，书的品种够得上丰富，各类期刊杂志应有尽有，袖珍小巧的文库本蔚然可观，动漫游戏琳琅满目，但我只想找竹久梦二，却是不见踪影。好不容易见到几期《版画艺术》，看看两千日元一册的定价，也只好甩到一边了。

最后一站是轩尼诗道的“书不起”，这是一家专营设计类图书的书店，在香岛大厦的二楼。攀楼梯上行，墙上全是五颜六色的涂鸦，怀疑就是“书不起”搞的楼梯景观设计。推门进去，却见房顶管道毕露，非常符合书店的先锋特色。外文图书为主，不过多数都是建筑设计、室内设计、城市景观设计、商品包装设计，平面设计特别是书

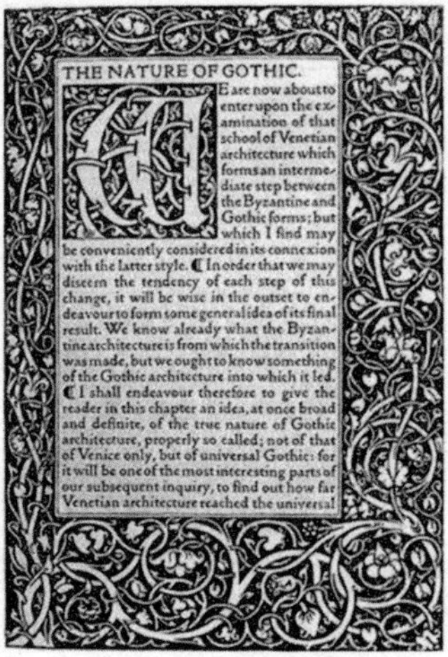
THE NATURE OF GOTHIC.

WE are now about to enter upon the examination of that school of Venetian architecture which forms an intermediate step between the Byzantine and Gothic forms; but which I find may be conveniently considered in its connexion with the latter style. ☾ In order that we may discern the tendency of each step of this change, it will be wise in the outset to endeavour to form some general idea of its final result. We know already what the Byzantine architecture is from which the transition was made, but we ought to know something of the Gothic architecture into which it led. ☾ I shall endeavour therefore to give the reader in this chapter an idea, at once broad and definite, of the true nature of Gothic architecture, properly so called; not of that of Venice only, but of universal Gothic: for it will be one of the most interesting parts of our subsequent inquiry, to find out how far Venetian architecture reached the universal

籍设计难得见到。就在转到最后一个台子时，意想不到的兴奋出现了，那里竟摆着一本 *William Morris*：*Father of Modern Design and Pattern*，是我见到过的莫里斯最漂亮最讲究也印制最清晰的版本，毫不犹豫地付款买下。归途地铁上拿出来细看，才知是东京印书馆的出品，好在文字大大少于图版，主要内容也是日英双语印出。无意中还是买了本日文书，真有些无心插柳柳成荫的味道。

二〇一三年十月二十七日

熊秉元

杨帆博士上午开讲国际仲裁，提到行业协会通过施加道德压力所发挥的“法律之外”的作用。这比政府单凭匹夫之勇一竿子插到底似乎来得更有效果，成本也低得多。无独有偶，下午顾敏康教授开讲比较竞争法，也谈及“小政府，大市场”，认为公司注册资本登记制度的改革，不仅减少了官僚阶层寻租的机会，更深层次的意义还是使政府与市场的关系有所校正。

晚上读熊秉元《法律经济学开讲》，其中有好几篇是从法律经济学的视角分析政府存在的理

由以及政府和个人、政府和市场的关系，他从“需要论”出发，认为政府的组织形式包括“缩减规模”应当是理所当然，能满足人民需要、为人民所接受的安排，就是最好的安排。至于政府与市场的关系，则市场机能与政治过程混合式的经济结构，是现代国家发展的方向。他更举诺贝尔经济学奖得主布坎南的名言：“官僚不是天使”。能够让官僚成为天使，主要还是靠民众手里所掌握的棍子和葡萄。

买书就是个滚雪球的过程。那天从荃湾回来，当晚就把熊秉元《法学的经济思维》看了几章，喜欢得不得了。次日就跑到城大书店把那本一直犹豫未买的《熊秉元漫步法律》购下了。后来又到西洋菜街的乐文书店和天地图书淘出了他的《经济学了没》和《我是体育老师》。只可惜那本《吃鱼的方法》迄未寻到。熊秉元身为经济学家，却将经济分析的方法带进法学，又是用大美的散文笔法写出，难怪能有两篇文章人选中学课本。王泽鉴评价熊秉元：“结合了散文之美、经济分析的谨严和法学上的想象力”。更说：“二十一世纪的法律人不仅要确实把握法律日益专业化的正义问题，也要能了解运用经济分析，使正义具有效率的内涵。他必须是一个法律经济人。”

二〇一三年十月二十八日

陈平原与比亚兹莱

连续几天全天有课，这把老骨头颇有些吃不消。往后的半月，不仅依然课表满满，更有五篇课程论文需要完成，这倒也好，债多反而不愁。返寓时，刻意从 D3 出口西洋菜街下，且到书店放松一下身心去。只去了比较靠谱的乐文书店，那个胖胖的店主仍旧坐镇收银台，那个瘦些的伙计照例忙着打理图书。先在社科架前一本一本地细过，果然就给搜出一本有趣的，台湾博雅书屋二〇一一年出版的《隐私不保的年代》，著者丹尼尔·沙勒夫，封面上的宣传文字说他是国际知名的隐私法权威，一位布鲁斯·施奈尔更盛赞："有关资讯时代的隐私之影响，没有人比丹尼尔·沙勒夫思考得更多。"那么沙勒夫是如何思考的呢？他在书中写道："个人权利涉及平等的双方。保护隐私可以和维护言论自由形成紧张关系，但我珍惜两者的价值。而正是这个冲突，赋予了本书生命。”在我看来，个人隐私和言论自由，虽有对立矛盾，却又是一荣俱荣、一损俱损的关系。在一个没有言论自由的国度，个人隐私同样不会受到尊重和保护。

无意中在文学区瞥了一眼，却看到陈平原《大英博物馆日记》的台版。这书的大陆版早就见过，牛皮纸颜色的封皮儿，几次在书肆拿起又放下，欲买还休。面前这本是台湾二鱼文化二〇〇四年的初版一刷，印制得相当不坏，特别是当中的图版，比陆版清晰多了。拿起来随便一翻，却发现其中《书籍的艺术》一篇，主要在写比亚兹莱。平原君近年一度耽于晚清绣像的研究，但对英伦鬼才比氏，也似我这般痴迷，如何也没想到。他曾有幸在大英博物馆目睹比亚兹莱插图真品，这倒丝毫不令我艳羡，因为二十年前我就在纽约公共图书馆的专题展上大饕其餮，但他能在伦敦书坊买到好几种有关比氏的书，却真的让我眼馋。

巧合的是，他也是由叶灵凤的《读书随笔》开始喜欢上比亚兹莱。他在书中感慨："再过百年，还有人为此君出书吗？我想，还是会有的，只是那时谁来捧场？"是啊！百年之后，我们都不在这人世了。

二〇一三年十月二十九日

《香港法概论》

接下来的两周要进入突击课程论文的魔鬼时间了，中午下课后在城大茶餐厅喂饱肚子，便一头扎进图书馆，一呆就是十来个小时。抱来一堆书，细究香港民主法治的发展历程，觉得也怪有趣。英国统治香港一个多世纪，一直实行的是总督专权，只能说有法治，无民主。眼看要结束殖民统治了，却突然开始了民主化改革。也许是讨价还价的结果，《基本法》也确实给了香港许多过去根本不曾有的民主。所以有人说，香港民主化的进程，其实是与回归的进程相随相伴的。不管这里边究竟有多少阴差阳错，得益的终究是香港居民。先有法治，后有民主，兴许还是个不错的路径。

没时间跑出去逛书店了，只能就近在城大的书店里

过过瘾，趁着打折，收下了那两本觊觎已久的书，《香港法概论》和《香港基本法案例汇编》。香港地方小，搞公法的不外那几张熟悉的面孔。《香港法概论》，领衔的是香港大学的陈弘毅，今天读了他的两本文集，感叹他的学术生涯其实也是随着香港回归而开启，而律动。没有宪政实践，何来宪政理论？因此我们可以说，《基本法》养育了香港的公法，也养育了香港的一代公法学者。

二〇一三年十月三十日

刘兆佳

又是一天的课，疲惫可想而知，午餐后照例到城大书店消磨时间。有一本《回归十五年以来香港特区管治及新政权建设》，早就在架上摆着，因书名类似政府白皮书啥的，也就不曾触动。这几天看的几本书，频繁引用刘兆佳，只言片语间，颇见出老道和精辟，今天一瞅，原来这书正是出自刘兆佳之手。刘兆佳长期在香港中文大学研究香港社会与政治，又长达十年担任特区政府中央政策组首席顾问。这种山中山外的双重视野使得他的观点既进得去，又出得来，既收得住，又放得开。有意思的是，尽管已经离开政府岗位，他在行文时仍然信守保密规条，由此可见香港的保密纪律有多么的严苛，好在这不十分影响他所善用的宏观、结构和历史性的分析方法。

晚上仍在图书馆搜集资料，其间读了一篇时任回归前香港首席按察司的杨铁梁大法官的旧文《一九九七后香港法律展望》，原来之后发生的一些法政事件，其在当年多有预测，不由感叹，这就是大家的底蕴。杨铁梁说：内地与香港，“双方隔阂很久，彼此都很陌生，要达到思想上的融洽交流并不是很容易的。这是一个长期的任务，法律上的交流尤其如此。”回归十六年，这种隔阂与陌生并未见得有所减低，有时想，还不如海峡两岸之间的沟通来得更顺畅，起码在那里不会有语言上的障碍。

好在也还有亲情在。在港期间一直盼望能跟叶灵凤先生的家人见个面，昨天终于托朋友找来了先生爱女叶中敏的电话。叶中敏曾任香港《大公报》副总编辑，现任主笔，腕底功力堪称子承父业。今天午前试着发去一条短信，午后就接到先生的回电，说非常感谢我能为她爸爸作传，一定要在近日和她妹妹一起请我吃顿饭。算起来，叶中敏先生差不多也该年过六旬了，还担心我到北角报馆那里路不熟，而特意将就餐地点安排在中环，并仔细地叮嘱我走地铁的哪一个出口。这份亲情，一下午都暖暖地萦绕于怀。

二〇一三年十一月一日

香港仔

中午时分，出发去香港仔。地铁坐到中环，在巴士总站搭乘七十路，七拐八拐，再穿过一条隧道，就来到香港岛西南端的香港仔。香港仔是香港开埠最早的地方，最初叫香港村，英国人登陆时，找村民带路，村民跟他们说这里是香港，他们就误以为香港是全岛的名字，等发现了这个错误，也不好再改岛名，只好把香港村称作 Little Hong Kong（香港仔），后又以当时英国外交大臣鸭巴甸勋爵的名字把香港仔命名为 Aberdeen。日本占领香港时期，曾把香港仔改为“元香港”，也就是“香港

的源起”的意思。

给他们带路的那个村民，据说叫阿群。所以香港就有了“群带路”（也说叫裙带路），以纪念阿群带路。后来官方还用这个故事绘成殖民地的标志图案，称作《阿群带路图》。在很多年里，本港官方机构的旗帜、帽徽，以及车辆、文件上所用的标志，都是这幅《阿群带路图》。图中绘了一只中国式帆船和一只西式的三桅大帆船，岸边站了两个中国人和一个外国人。中国人脑后垂着辫发，外国人着燕尾礼服，戴了高帽，两人正在握手，岸边一列摆开了六只长方形的木箱，代表货物。背景是香港的“扯旗山”，山顶有旗杆和挂着信号的横木，山脚下有许多房屋。图中的那个拖了长辫同外国人握手的中国人，据说就是阿群。

然而，这幅沿用一百多年的图其实是一个大乌龙。如果按照图中所绘，隔海的背景是“扯旗山”，那么，近景阿群和外国人握手的地方应当就是九龙了。可是，阿群带路的时候九龙还是大清帝国的领土，英国鸦片商人不可能站在九龙岸边同中国人握手表示亲善，而且，当初阿群是在香港岛上给英国人带路，不该站在九龙岸边。此外，叶灵凤等人也考证过，在香港未成为殖民地之前，《东莞县志》所载明末钱粮岁收名册上，就已有了裙带路。所以，阿群带路的传说，也不过是英人的附会而已。明知《阿群带路图》是个大乌龙而仍沿用多年，也不过是殖民地政府利用其宣扬洋唐亲善罢了。

甫一下车，就觉得香港仔的建筑非常老旧，空气中海鲜咸鱼的味道也很重。在一个两端各立一个牌坊的广场四周，是一处新开发的叫作香港仔中心的商圈，应该是这里的新地标了，但规模气度甚至远远不比元朗和屯门一带。在香港仔中心五期的一楼找到了商务印书馆香港仔分馆，店面规模一般，社科文学也就三五架，其余都是生活励志、儿童读物之类，但有一册《香港〈竞争条例〉解读及政策建议》的小书，倒是在其他地方未曾经眼。

香港仔街道不多，也都很短，但名头却一律很响，分别叫作洛阳、成都、湖北、湖南、奉天、南宁、西安。据说，上世纪初，有人在海旁开了一间纸厂，后来纸厂歇业，厂房改作屋宇，命名街道时，就套用了洛阳纸贵的成语，随后邻近的新街道也就都循此例。听说成都街有家 Chi Sang Book 书店，走了两个来回也没找见踪影。网络上说的里面有几家书店的利群商场，倒是在香港仔大道找到了，但各家店铺几乎全是卖廉价服装的，书香是一丝也无。据此推想，嘉禾街、黄竹坑那边的书店也就生死未卜了，趁早不费脚力了。

在湾边登上街渡，只花两个港币就到了对岸的鸭脷洲，湾中渔船满堆，水道狭窄。有的渔船更停泊岸边，渔翁渔婆现场杀鱼，过好秤用一长杆的鱼兜传给岸上的买家。鸭脷洲的名字，源于岛似鸭头、礁如鸭舌。平地不多，两三条小街之外，就是山地了。略为漫步之后，复又登上舢板，由一位渔婆掌舵，在避风塘渔港游荡一遭，景色也不似想象中那样美妙。水中有一处宫殿一样的海鲜珍宝舫，该是饕餮海鲜盛筵的好去处，不知崇文门新侨饭店的那家是不是它的分号。

香港仔旧日的渔船

香港仔这边，称作南区，颇有一些南来的文学大家，曾经在这里留下印迹。返回中环的巴士上，沿途就经过了不少跟他们有关的地方，像蔡元培长眠之地香港仔华人永久坟场、戴望舒筑巢林泉居的薄扶林道、许地山教书张爱玲上学的香港大学、萧红病殁的圣士提反女子中学。还从玛丽医院门前路过，一时想不起这里与哪位名人有瓜葛了。政府还专门开辟了南区文学径的旅游线路，蓝天碧海，翠绿山色，倒是比别处多了几分空灵。

二〇一三年十一月三日

叶中敏

白天照例上课，一天无话。五点下课后，直奔地铁站，赶到中环去见叶灵凤的女儿叶中敏。在置地广场，还是我先认出了叶先生，寒暄几句叶先生就带我冒着细雨穿过皇后大道中，来上海总会吃饭。这是一家会员制的餐厅，桌上摆着的几份《新民晚报》先就营造了几分沪上的气息。经理领班跟叶先生都是熟人，一边打着招呼，一边就安排了几个小菜，见有口水鸡、清炒虾仁、干炸小黄鱼、菜肉馄饨。话题自然就从上海菜开始。“我妈妈能烧一手上海菜，所以父亲的朋友们喜欢来我家作客。我妈妈一般也只这个时候下厨，平时都是广东保姆给我们做粤菜。那时候，爸爸要养活九个孩子，还有我姥姥，日子虽然说不上奢华，却也不坏，平常都要请三个保姆。爸爸的经济来源就是写稿，经常一天里要完成九家报刊的约稿。”兄妹九个，我还是头次听说，还以为中敏是长女呢。但她说，她排行老六，前三个孩子在上海出生，后边五个抗战胜利后才在香港出生，所以中间差了好几岁。

“那时候住在罗便臣道，房子很高很大，爸爸的书柜一直顶到房顶，书柜里摆不下了就往地上堆，他还经常到书店买回一些，常去的书店是三联、商务和辰衝。他大部分时间都是在书房看书写字，有时我们太吵了他就把门关上。吃晚饭时我们就去敲门喊他出来，吃完晚饭他就去报馆上班，我们常常熬着不睡等他回来，因为他常会买些好吃的给我们带回来。周末的时候他还会带我们出去玩，喝喝茶什么的。爸爸是个很传统的人，比如吃饭时他就要求‘食不言’，但他从不直接说女儿们什么。有一度我姐姐爱穿奇装异服，头发弄得很奇怪，他就让我妈妈说，自己不直接批评。小思最近在整理爸爸的日记，她跟我说，你爸爸真是一个好丈夫、好父亲，他的日记虽然很简单，但倾注着对你们的感情。可能他的性格就是这样不爱表达吧。”

“五六十年代那会儿，香港左中右三派泾渭分明，但爸爸却是哪一派都能接受。他自己供职的《星岛日报》属右派，却长期给左派的《大公报》、《文汇报》、《新晚报》写稿。有一次朋友们给他祝寿，左中右都来了，还包括国民党在港侨委的卜少夫，这种场面一般是从来不会出现的。但爸爸非常爱国，李宗仁回归时，他是内地邀请回去采访的唯一一个香港记者。‘文革’前夕，他还跟夏衍提出来要回内地定居，但夏伯伯劝阻了他，可能一是不想他回来被批斗，二是也想让他在香港发挥独特的作用。听说，夏伯伯比我爸爸还先认识的我妈妈，文革结束后，他和周扬还专门把妈妈和我们接到广州住了几天，也有表达对已经去世的老友的怀念的意思。左派报纸的费彝民社长、罗孚总编辑都是爸爸的好朋友，我来大公报工作，就是罗伯伯的安排，那时我刚刚高中毕业，不想再读书了，罗伯伯说何不来《大公报》工作？我就一直干到了现在。”

叶灵凤、陈君葆、高伯雨

“爸爸那代人，时常聚到一起，到我家参观新书的也很多，他们之间也爱开玩笑，但玩笑里也总是有典故的。曹聚仁伯伯去澳门，就把他家的狗寄养在我家。徐纡也来往较多，他病重时，爸爸眼睛也不行了，让我妈妈和我替他去探望。陈君葆、马鉴，也都很要好。有几位广东作家，岭南风格的，也跟爸爸过从甚密。侣伦接待过第一次来香港的我爸爸和他的第一位太太郭林凤，后来侣伦还问我知不知道爸爸之前有过一个太太，我说从书上读到过。她也是大户人家，家里出过命案。后来爸爸遇见我妈妈是在上海的现代书局，那时施蛰存也在那里编《现代》，妈妈在世时我们还到上海看过他。我妈妈不写文章，但写过诗，风花雪月一类的。”

“至于说到爸爸的汉奸问题，我妈妈说，你爸爸肯定不会作汉奸的。日本人占领香港期间，爸爸把妈妈的积蓄要去，说要办报纸，可能也是掩护，有人通过查证档案说爸爸为政府运送情报。我觉得你在书里说得好，爸爸的本色确实是一个平实的读书人。”

“爸爸的爸爸是南京人，是个作官的，所以在南京住的时间不长，小时候爸爸就跟着去了九江、昆山。爸爸很小就没有妈妈了，跟继母感情不好，从小跟他的姐姐亲。文革后期我能去内地采访了，他让我去上海看望两个姑姑，给她们带东西，姑姑也让我带回家乡的东西，他见了非常高兴。”

“对于香港史地的研究，爸爸该是最早的。香港为什么叫香港，他作了详细考证。关于张保仔的传说，他一边研究清朝的奏折，一边对比洋人的著述，弄清其中的真相。九龙城寨的主权，他既靠史实说话，又充满爱国激情，如果中英在香港回归问题上有什么争执，这些都是用得着的史料。”

“爸爸的藏书很多，他去世后，有人就说，千万别随便糟蹋了。中文大学的校长马临愿意接收并辟专室收藏。他是父亲老友马鉴的儿子。马鉴是香港大学中文系教授，是当年港大唯一的华人教授。但中文大学图书馆的馆长不同意接收，她是留学英国的，认为这些书没什么价值，还很破旧。但马临坚持接收，我妈妈和我们还去搞了个仪式。听说现在也丢了一些。当年，爸爸去报馆上班后，我常常溜到他的书房看书。那时，黄俊东他们几个文艺青年经常来找爸爸，有次带来一位新人，介绍名字时说叫区惠本，我在一边听了就笑。爸爸问我笑什么，我说你不觉得惠本这名字像和尚吗？爸爸很高兴，说看来你还真读了几本书。爸爸很少夸奖子女，这是难得的一次，看来他很喜欢孩子读书。”

“爸爸从四十年代起，写了不少日记，可惜大部分都给弄丢了，仅有的几本，我为了作个纪念，就保存了下来。是六十年代中期的，记在普通本子上，字很大，因为那时眼睛已经不好了。小思一直研究香港文学，又跟我姐姐是同学，就提出来要把我爸爸的日记整理出版，我认为这些日记就是记录日常琐事，不见得有什么价值，但她不这么认为。本来要找政府资助一下，但三联书店听说了，愿意接下来。目前她正带着中文大学一位年轻的女教师，逐篇详加注释，基本快完工了。”说到这里，她后悔今晚没把小思叫来一起吃饭，表示回去马上联系，隔日再聚。

说到父亲的书在内地重印，她表示很感谢罗孚伯伯和三联的范用老板。“要知道当时罗伯伯还是在服刑期间。”陈子善、姜德明等内地的叶灵凤研究者她都见过。我的那本《叶灵凤传》，她说小思给她看过。前阵儿福建出版的《书淫艳异录》，曾经通过陈子善联系过她，给了一些稿费，更多的出版社则没什么表示。她说：“给了稿费，我们兄弟姐妹很高兴，说老爸到现在还给咱们创造财

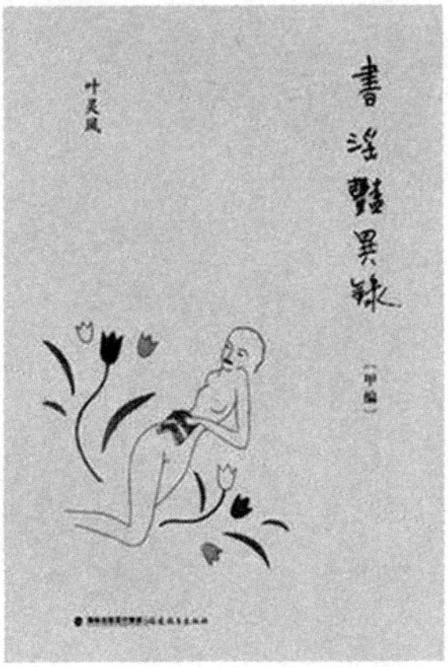

富，也就拿去玩了。不给也不会计较，能出版说明喜欢父亲的文字，没什么不好。我们也都不愿多说自己的出身，都过着自己平和的日子。”

二〇一三年十一月四日

中央图书馆

傍晚下课后直奔铜锣湾高士威道的中央图书馆。这是香港最大的公共图书馆，于二〇〇一年建成使用，楼高十二层，馆藏二百五十万个品种，设施先进，雍容气派。前些天曾经来过一次，重点考察了香港文学特藏，今次是要查找法律方面的资料。先在九楼找到法律部，中文法律书倒有一些，但全是内地版和少量台版。下一层楼来到香港资料特藏，这才见到了本港法学著作，行政法也就寥寥几种，并没有振奋人心的发现。看来，公共图书馆对付一般的市民尽管绰绰有余，但对于专业研究来说，就难以满足需求了，所以，非要建立自己的专藏不可。闭馆时间也太早，刚刚读出点味道，音乐骤然响起，广播通知离闭馆仅剩半小时，看看表，也才八点半。在不间断播出的倒计时中草草再看几页，也只好兴味索然地离开了。路过糖街时，遇见一家商务印书馆，社科文学方面远较其他分店丰富，其中香港文学的作品和评论有不少之前未见的。拿着一本夏志清整理的《夏济安日记》，买或不买，做了几番思想斗争，最后还是理智大获全胜，一身轻松地踏上归途。

二〇一三年十一月五日

云咸街

前天叶中敏先生请饭时，曾经提议再找时间请小思老师一聚，昨晚来电话，说小思老师尽管七十多岁高龄轻易不愿见人了，但一听是我，还是很乐意出来，时间就定在今晚。她也喜欢上海菜，所以就还去云咸街的上海总会。那晚天黑下雨，只知道穿过皇后大道中上个坡就是，不知道那叫云咸街。今天午后去中央图书馆的路上，又进糖街的商务印书馆，很巧就看见一本王钢写的图文并茂的好书《图说云咸街沧桑》，原来这条长不过两百来米很不引人注目的小街，却凝结着香港文化的肇始和兴衰，从报刊到图书，从绘画到摄影，从戏剧到音乐，从唱片到电影，从图书馆到学术研究，都与这条小街密不可分。王钢先生认为，一个地区几乎所有的文化

一八四六年的云咸街

形态如此集中发源或兴盛在这么一条两百米的小街，在全世界恐怕都是一种非常特殊的现象。在一年多的时间里，他把差不多所有的业余时间都沉浸在了这里的每一个建筑，每一级石阶，挖掘出那么多鲜活的人物和感人的故事。书里还插入了海量的喜煞人的老版画、老照片、老明信片。作者说，搜集的过程超乎想象的艰难和昂贵，一幅老画的复制费就能过千，有些实在付不起的只好望而却步。书里还提到了叶灵凤，虽然并无太多细节，但可以想象当年他是如何穿梭于云咸街上一家挨一家的报馆画廊书肆而乐此不疲。

书里还说，当年街上有一座带立柱的建筑，那是高等法院。一八四七年，大法官霍尔姆先生捐赠了自己收藏的法律图书，由此构成了高等法院的图书馆，这也是香港有记载的第一个图书馆。一八八一年，港府又出资购买大法官斯梅尔收藏的图书，使馆藏进一步得到充实。对于这样一条有趣的街道，我早已心痒难耐，所以在中央图书馆看了三个小时书后就提早赶去。踩着写满历史的石阶一路上坡，心里不停想象着往昔曾有的繁华，但现实的情况却早已是物人两非。上海总会所在的大楼倒还叫南华大厦，但南华早报早已搬往它处，街道尽头地标性的大钟楼也被了无味道的现代建筑取而代之。好不容易看见一座红砖的老楼，推门进去，却是一间咖啡厅，白墙白桌白椅，简单里透着浪漫，

里侧墙上挂着一溜云咸街的老照片。问伙计从前这是什么所在，他只有茫然地摇头，便也不再深究，要一杯摩卡，冲门独坐，嘿然思古。

二〇一三年十一月六日

叶中敏、小思谈叶灵凤

按约定时间来到上海总会，一位女士跟我同时到达，一看就是叶家的人，一问果然是叶灵凤倒数第二小的女儿中美。中敏老师已先到并点好了菜，三人刚寒喧几句，小思老师就来了。小思是香港影响很大的作家，她的散文集《承教小记》已经印刷了几十版；她更是香港文学研究的开山鼻祖，以卢玮銮的本名出版了大量著述；她更是首屈一指的叶灵凤研究专家，这一点上实在是我神交已久的老师。落座后，小思从包里掏出一本他和郑树森、黄继持合编的《香港新文学年表》赠我，这正是我久觅不得的，当然欢喜。小思说，可惜黄继持已经不在了，不然会带你见他。中敏则送一套精装的《书淫艳异录》给小思，说，“书名应该用的是我爸爸的手迹，广宇应该知道的。”我说是他用钢笔写的字迹。中敏撺掇我请小思在书上签字，小思老师写了“广宇书友。小思”。我又请她在她编的《叶灵凤戴望舒合集》上签，她则写了“卢玮銮”。我请叶家姐妹也签一个，她俩直说没资格，后来就在书中照片下端分别写了“这是我，中敏”和“这是中美”。厚道、低调，一如她们的父亲。

小思老师出身于香港中文大学新亚书院，又长期担任母校的香港文学研究中心主任，学校待她不薄，她对母校也无私，把自己多年搜藏的珍贵史料贡献出来，建立了香港文学特藏。她问我是否去过中大图书馆，我说专门去看叶灵凤藏书，但身份所限没能进去。她说那里正搞叶灵凤所藏签名本的展览，你一定要去看看。说话间抄起电话就拨通图书馆苏助理，要他好好为我安排。她说："要不是明天要参加三联书店一个活动，肯定陪你一道去。"说到三联书店，她想起了正在整理的叶灵凤日记。说工作进展非常艰难，因为力求把后人不甚了了的史实掌故都详加注释，但有些资料很难查找。比如那些年叶灵凤先生几乎每天都要去一个叫作"别发"的书店，但这个书店到底怎么回事几乎无人知晓。费尽功夫才弄个明白，原来这是英商沃尔什兄弟早年开在上海的外文书店，英文名字叫 Kelly & Company，后来亦在香港注册，他们当中的一个独立出来又开了"辰衝"。小思说，上海的陈子善最近也考证出来上海"别发"的历史。中敏说："辰衝也是爸爸常去的书店，现在还有吗?"我说总店在尖沙咀的乐道。中敏很是惊讶我对香港书店的熟稔。小思说:"叶灵凤日记里写,他在别发可以赊账,每个月领了薪水总是先去书店还债。"中美这时插嘴:"小时候看见的爸爸,除了吃饭,几乎都是埋头书里。"中敏说:"他的书房挺大,除了一面是窗,三面全是书,书桌上方是一幅蒙娜丽莎,别处还挂着几幅西洋名画复制品,分别是维纳斯的诞生和毕加索画的卧女。中国的书画则是齐白石的荔枝和方孝孺的条幅。"小思听见,力劝中敏把它写下来,并让我帮着说服,中敏又是谦虚地摆手,连说不想拿父亲招摇。

我问:"你家长住的罗便臣道寓所是否还在?"中敏说,早就拆了。小思透露,前两年她策划口述香港文学史,就是请中敏带人去罗便臣道拍的片子。中敏愧疚地说:"你们对我爸爸的了解,比我们还多。"也是,前天她还跟我说他爸爸的日记只留下六十年代当中的几年,但小思说从一九四二年开始都有,我听了十分欣慰。中敏说父亲百岁寿辰时也没想起搞个纪念活动,二〇一五年就是一百一十岁了，不妨明年借着日记出版搞一次，可以请小思、陈子善和我分别讲一讲。小思非常赞同，并建议再请董桥讲讲，“他在爱书和藏书票方面与先生有共同的兴趣，只可惜罗孚先生已经卧病不起了。”中敏说前些天还去医院看过罗伯伯。小思问他是否还认识你？中敏说不能说话了，只是点头。小思说点头就是认得，他点头的深浅也表示不同的意思。小思还说，纪念活动可以作为明年香港书市的主题。前几年人们对香港书展批评较多，后来请她顾问，她就连续三年各推出一位年度作家，分别是刘以鬯、西西和也斯，人们就没什么闲话了。尽管对也斯评价不一，但他又写散文又写诗又搞教学又搞研究，在香港文学中应该有他的地位。我说：“可惜也斯也走了。”她说：“是啊，书市刚搞完两个月就走了，还好临走得到了一个宽慰。”由此又说到政府对文学的重视程度，特别是对中国语文和历史的教育，感叹甚至还不如英据时期，那时港英政府管控严厉，在学校里翻出人民画报都要整治，但仍有一些学校坚持，这也培养了一批爱国认根的人士。我说：

“感觉现在对祖国的认同感都有些今不如昔，像在那个年代叶灵凤都能写出充满爱国情怀的文字。”小思说：“你看的还是能够公开发表的，在他不准备发表的日记里，这种情绪要强烈多了。读他的日记，才知道他是怎么样一个好丈夫、好父亲，怎么样一个爱国的真正读书人。像他这样默默做了很多但到死都不能说的人在香港其实还有很多，特别是当潘汉年过早死去，唯一的单线也断了的时候，更是说也说不清了。”

我拿出小思那本《一生承教》，说：“这是陆智昌设计的封面。”小思眼睛一亮：“你也喜欢陆智昌?! 这本书上的鱼，实际是我书里写到的京都和宇治之间万福

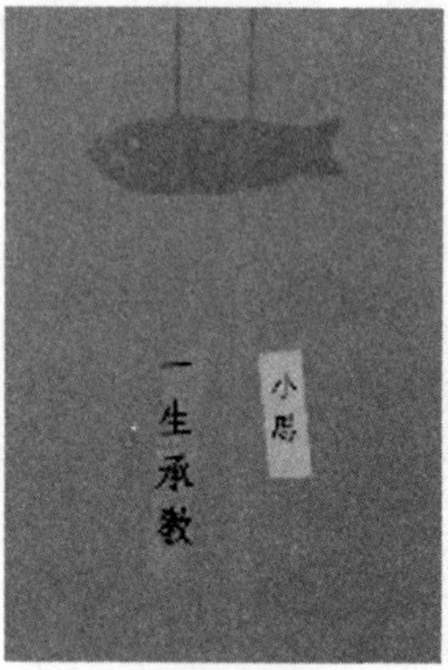

寺里横吊在回廊上的一条大木鱼。陆智昌的设计不仅美，还能体现书中的内蕴。那时陆智昌在香港刚刚出道，我们还合作过一本讲粤剧文化的书。他设计好封面，惴惴不安地拿给老板看，怕说他画得太简单是偷懒，但那本

书却大获成功，一千块一本一天就预订一空，他也因此得了设计大奖。以后就去北京发展了，现在据说请他设计要排队五年。”我说我喜欢陆智昌，喜欢书籍设计的书，喜欢版画，喜欢竹久梦二，喜欢比亚兹莱，小思几乎要跳起来。她也是比亚兹莱买了一大堆，竹久梦二买了一大抱，在京都念书时，还到清水寺旁梦二的故居去过。我说清水寺我去年去了，可惜由日本人安排，没自己的时间，但东京弥生的竹久梦二美术馆却是去过了。说来说去，我们的这些爱好都是灵凤先生的影响。中敏说，她爸其实非常懂得美，她妈妈买了衣服，他对色彩的点评大家都很佩服。小思说，在香港找不到有谁能谈这些了，很过瘾。在送她们三位等的士的那会儿，大家又抓紧最后的时间聊上几句，直到目送她们上车，汇入皇后大道的车流当中。

二〇一三年十一月六日

香港文学特藏

这几天香港总算有了些新秋的清爽，但今天又突然大热。午后骄阳下，遵从小思老师的热情安排，去香港中文大学访书。因了之前趟过一次路，再去就熟练多了，又一城坐东铁，大学站出来就看到了山上的中大，和一帮少男少女们一道排队上了学校的摆渡大巴，两站就给拉到了百万大道。香港文学研究中心的苏助理和图

书馆一位专门负责香港文学特藏的管理员已在图书馆门外等候。两位青年首先带我参观“佳色掇英：香港文学建藏十周年展”，亲见了许多作家手稿和珍本书刊，这当中包括刘以鬯、侣伦、罗孚、余光中、西西等人的手稿，侣伦《黑丽拉》、黄谷柳《虾球传》以及香港最早的新文学刊物《铁马》、《岛上》、《伴侣》等的初版真品。最令我兴奋的，还是第一次见到叶灵凤一九四〇年由西南图书印刷公司印行的《忘忧草》，还有由他作序的罗拔高著《山城雨景》。我对两位青年说，《山城雨景》可是为叶灵凤带来过麻烦的，因为罗拔高是汉奸，所以给他的书作序也就成了“附逆”的证据。《山城雨景》初版于一九四四年，由香港华侨日报社印刷部出版。作者罗拔高，原名卢梦殊，曾任《华侨日报》采访主任，代表香港报界到日本东京参加过“大东亚新闻工作会议”，后来转任《星岛日报》总编辑。据戴望舒所记，卢氏为广东人，因喜吃“萝卜糕”，友人以此戏称，卢氏自此也就索性以“罗拔高”作了笔名。叶灵凤在序中说的也无非是些不痛不痒的话，例如：“《山城雨景》里所描写的山城，毫无疑问的是本地风光。”小说最初是在《华侨日报》的副刊《侨乐村》发表，除叶灵凤作序外，戴望舒也写了跋，可能问题就出在是由日据时期“香港占领地总督部报道部”许可出版这一环节。

两位青年非常专业，一边看展览，一边给我介绍了不少背景资料和出版掌故。比如五十年代之后美国资助的书刊骤然增多，青年刊物左中右三派角力，云云。随后来到香港文学特藏库。这个特藏库的建立全赖小思卢玮銮教授的力推，先是她自己捐出大量珍贵私藏，又引来众多作家纷纷奉献，经过十年的经营，已经颇具规模。小思还创立了“卢玮銮教授所藏香港文学档案”，一位作家一个抽屉。按照小思的吩咐，他们特意将叶灵凤的抽屉打开，供我细细品鉴。珍贵史料目不暇接，其中叶灵凤先生去世后叶夫人赵克臻率子女大伟、中健、中辉、中绚、中明、中慧、中敏、中美、中娴在《星岛日报》刊发的讣闻，引得我一阵唏嘘。

最后看的，是叶灵凤所藏签名本特展，赠书者包括高旅、林林、李辉英、高伯雨、柳存仁等，最可一记的，是见到了一玫叶夫人所捐书的藏书票，中间方框里是“叶灵凤先生藏书 叶夫人赠”的中英文，框下是香港中文大学图书馆的中英文，最上方则是中大的徽记。微黄的纸片，褐色印刷。看完这一切，两位青年又请我坐到桌前签名，共签了三个，一是香港中文大学图书馆香港文学特藏的纪念册，二是香港中文大学香港文学研究中心的纪念册，三是馆藏的我那册《叶灵凤传》。青年说，您签过名之后我们就要把它转到不外借的 B 室收藏了。他们说，小思老师还嘱托带我去法律图书库看看，因不敢打扰他们太久，谢过之后就下山了。

二〇一三年十一月七日

流动图书馆

那天说到图书馆，小友天圆地方颇有感慨，回帖说："国图的法律书好像也差不多，想借走的只能阅览，能借走的都是普通读物，书很脏，新书甚少，热情过一小段，还书路途遥远，还被罚过少量银子，后来就放弃了公共图书馆读书的念头，转身直投当当了。"这话确实。早些年我曾写过一篇文章，演绎古人所说的"借书一痴，还书又一痴"，于今一想，将这句话改造一下，说成"借书一难，还书又一难"，倒很能形象地描绘国内公共图书馆的利用状况。虽然对香港的图书馆发了几句牢骚，但这借还"两难"，似乎并不存在。借书方面，大型图书馆固然比较集中，但社区图书馆却是星罗棋布，就连小小的南丫岛，都有一南一北两个。那

天在石硖尾，还碰上一辆“流动图书馆”，车辆开到社区，遛狗的功夫就把预定的书取了。还书方面，在城大图书馆第一次开了眼，原来还书不用柜台排队，往走廊上还书口一丢，也就完事大吉，这还不算，地铁站里还设有公共图书馆的还书箱，上下班路上顺手就办了。其实，有些事情，说复杂也复杂，说简单也简单，关键要看吃公家饭的是要当服务员还是要当老爷。

二〇一三年十一月八日

黄俊东

告别香江的日子眼看到了，一晚上都在整理图书，粗略一数，超过百册。抚摸着一本本漂亮的尤物，眼前闪过的是寻书店时的执着，得好书时的欣喜，买不起时的窘迫……一本书就是一个故事，好像到现在透过它们还能嗅到它们曾经暂时栖身过的各自店家的不同味道。有的书，在冷摊上孤寂地等候了几年、十几年，似乎专为了我到来的这一天。本来想从旧书肆里觅到几本叶灵凤，但这想法终究被证明无异痴人说梦，那些旧物早就成了拍卖会上的抢手货，所以当我讲起二十年前在纽约唐人街上竟然淘到不少叶灵凤的旧著，他的女儿顿时瞪大眼睛以为在听天方夜谭。好在幸运地得到了两本比亚兹莱，尤其得意的是那本英伦出版的比氏传记，有一天得闲的时候兴许可以试着迻译出来，也算替灵凤先生完成一桩不及完成的夙愿。

书物如酒，历久弥香。理书的当儿，不禁想起港岛猎书家黄俊东先生，倘能去他的宝库一窥究竟，该是何等的乐事，但小思说，黄俊东已经卧床不起了，真应验了赵家璧那句名言：“书比人长寿”。人都要离开，只有书能延续他们的生命。叶中敏到现在还能记起几十年前年青的黄俊东到叶府听她父亲论书说文的情形。小思则说，叶先生很喜欢黄俊东，日记里清楚记着黄俊东第一次去他家的时间。香港的爱书家很多，擅写书话的也有好几家，但本土作家里，黄俊东无疑属于翘首，其中他从叶灵凤那里获取的影响非常明显。他的《现代中国作家剪影》（香港：友联出版社，一九七二）、《书话集》（香港：波文书局，一九七三）、《猎书小记》（香港：明窗出版社，一九七九），都是脍炙人口的佳作，我虽在图书馆都读过，但一直无

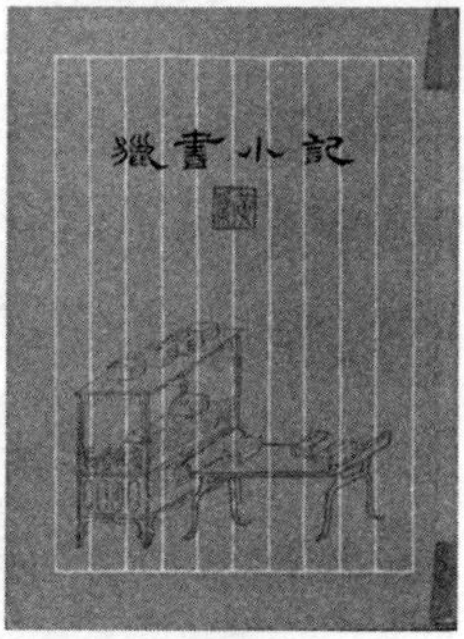

缘亲获一册。只买到过内地翻印的《猎书小记》和《克亮书话》，品质之差不需详提。

曾经读到过两则有关黄俊东的逸闻，一则是古剑的博客中说，黄俊东移民澳洲前，将两扎《猎书小记》一百本送给神州书店的欧阳，因太重，提了一段路提不动了，就将一扎丢在路边的垃圾筒边。他没想到这扎书后来这么值钱，与新亚书店的苏老板谈起时不禁大叹三声。另一则是深圳书痴胡洪侠在《很香的港，很旧的书》中透露：

这次在神州旧书店见到黄俊东《猎书小记》（香港明窗出版社一九七九年初版），因当时身边有出版社的朋友在，我没敢声张，只好偷着乐。从藏书印记可以推测此书已经过两人之手，两人的名字我都闻所未闻。子善兄曾说此书在香港并不难找，他曾在一家旧书店看见过一排。

读过之后，眼红得肠子都快断了。胡洪侠的艳遇和陈子善先生所谓的“看见过一排”，都是多年前的老皇历了。这次来港，我只在苏老板开的新亚书店的拍卖目录上见过《猎书小记》签名本的书影，成交价估计差不多上万了。

二〇一三年十一月八日

人权与法治

三中全会公报在提出“要维护宪法法律权威”、“确保依法独立公正行使审判权检察权”之后，还有一句“完善人权司法保障制度”。说来也巧，今天正好得到一本香港城市大学出版社的新书《香港人权法新论》。书的作者罗敏威曾经任教于城大法学院，现在去

了中文大学。他的学术成长之路，正是伴随着香港回归后基本法的实施以及人权保障的实践。按照《基本法》的有关安排，一九九七年后，香港仍可沿用过去行之有效的普通法制，而普通法中不少内容都是关乎保障人权。

九十年代，《香港人权法案条例》及基本法相继通过，更是大大丰富了本地法制中关于人权的保障。

罗敏威在书中论及的人权包括：公共事务参与权、言论自由、新闻自由、资讯自由、集会自由、结社自由、宗教自由、国籍及居留权、人身自由、私有财产权与私隐权、无罪假定权、公平审讯权。罗敏威说，“法治精神并不能确保法律制度实体上的公义。虽然如此，法治精神也是民主与人权最起码的保障的基本条件”。至于法治精神的内容，他则列举了以下几个方面：法律必须公开，可被取得及清晰；人人在法律面前一律平等；执政者也不能滥用权力；司法独立。道理其实很简单：若让司法保障人权，先要有一个能够自保的、足够享有权威和尊荣的司法。而一个社会是否达到了这样一个境界，测试一下法官在民众心目中占据一个什么样的地位，就能明了。早晨在地铁上看报时，恰好就看到这样一个头条标题：“法官也被打，无线剧太夸”，说的是近日网上热传《法外风云》一幕，一群黑社会因不满伍咏薇饰演的法官的裁决，在街头埋伏，大骂法官

“乱判”并行掌掴。此一无线剧因此招致五万网民投诉，举报其有宣扬暴力之嫌，亦有违社会责任。读完这篇报道，地铁也就到站了，但分明觉着，我们才是刚刚起步，前方路正长。

二〇一三年十一月十二日

陈弘毅

昨晚举行学期结束的告别宴，师生莫不依依惜别，心生伤感。王贵国老师说，你们又不是不回来了，你们只是回去休假。这句话本是安慰，反倒使大家更增添了离愁别绪。

午后又跑了一趟中文大学图书馆，苏助理他们两个提前为我准备好了叶灵凤研究资料的电子版，叫我来拷到移动硬盘。在他们操作之时，瞥见工作台上有一摞叶灵凤先生的藏书，好几十年前的旧物了，仍然那么洁净整齐，推想先生也是非常的敬惜字纸。其中一本黄蒙田的随笔，是香港上海书局出版，专门负责香港文学特藏的那个小伙子说，香港上海书局是南洋的公司，他们把民国年间上海许多文艺书的纸型都收来重印，因为内地不需要这些繁体字版了。至于那两本翻译书，都是五十年代美国出资出版的，那些年，美国对于香港的文化渗透投入很大。拿到拷好的资料，相约来年与他们再见。走到图书馆门外的百万大道，却见大道上方整个覆上了黄布顶棚，应该是为学位颁发典礼预作准备。路旁山崖上，粉白的紫荆花依然开得那么俏丽。

坐校园摆渡大巴下山，又快速扫了下中大书店，买到了陈弘毅的《一国两制下香港的法治探索》。陈弘毅一九七七年入读港大法律系，自称刚巧与内地“文革”以后的第一代中国法学工作者以相同的时序走上法学之路。陈弘毅不光研究香港法，他也主张要有一个从“香港本位”到“中国本位”的历史转折。他说：“以前我们对社会的责任和承担主要是就香港而言的，将来我们的责任和承担就是面向整个中国的。”有志“充分发挥我们在这个中西文化交汇点的香港所学习和认识到的西方法律知识和理念，去参与中国的法制建设”。这种情怀在香港的法学研究者中实属难得。对于我们内地来说，如何善用已经作为中国法制一部分的香港经验，也是有待提高认识的。

本来要写一篇《香港法院在社会中的角色》，谁知陈弘毅先生已经捷足先登了。他采取的是案例分析的方法，一些有影响的案例都有涉及，其中大多属于司法复核案件。昨天跟保安局长黎栋国座谈时，他花很长时间谈司法复核，以回应我的提问。作为被告大户，黎局长对法院的司法复核心服口服，他说，作为行政机关，我们没有倾向好恶，法律规定我们能做什么，不能做什么，我们就要遵从。一旦出现争议，法院就是一锤定音的人，我们并不会认为他们管得太多。事实上，香港法院确实管得很多，正如陈弘毅教授在书中所写，“香港法院已把其功能扩展到参与社会政策的制定或者处理一些政治问题，把一些政策或政治问题通过法律的途径来解决。在涉及社会不同利益群体之间利益平衡的一些重大的公共政策，例如环境保护政策、财政政策、教育政策，法

院也扮演着愈来愈重要的角色。”刚刚结束的十八届三中全会提出，“推进国家治理体系和治理能力现代化”，那么，在现代化的国家治理体系中法院应该充当一个什么样的角色呢？值得思考。

二〇一三年十一月十四日

尚书吧

暂别香港，一路经过熟悉的闹市、僻镇、海湾、山道，心中荡漾的竟是隐隐的不舍。由深圳湾入关，立时觉得平阔了许多，也安静了许多，但耳畔回响的分明还是每天上学路上摩肩接踵的人行道绿灯亮时那一阵急促的叮咚铃声。去机场前的一段空闲，由朋友引领找到了深圳中心书城首层南区的尚书吧。这家二手书店，因其经理扫红的《尚书吧故事》和《坐店翻书》两书而名噪天下，以前几次南来都因冗务所缠无暇踏访，这次得来也算了却了一桩心事。

书吧，一半是书，一半是

吧。尚书吧，尚书的吧，书是修饰，主语是吧。吧则兼具茶、酒、咖啡。仿古的屏风、几案，染出古意；前卫的装修、满架的红酒，透着洋风。图书区地盘不大，新书少许，旧本居多。有一些港台版的旧物，象几十本一整套的《徐纡著作》，开本装帧均极别致，但看看每本一百二十元的定价，也就不敢多想。五十年代至“文革”期间的内地旧版颇有一些，其中以诗集居多。有一本黄永玉设计封面的《阿诗玛》，当属珍贵，赏玩良久，也未出手。

意外之喜是，淘到了梁美芬老师与卢永鸿合作编纂的《中国法制改革》，香港广角镜出版社一九九四年出版，是在全香港都没遇到的。书中收有梁美芬老师的两篇论文：《中国和香港行政诉讼制度概念之比较研究》和《大陆与香港行政诉讼中法院制度之比较研究》。早在中国的行政诉讼法刚刚开始实施的时候，梁美芬老师就极有洞见地指出：“一个独立的司法系统及其具有独立解释法律的权力却是一个有权威的司法系统所必需的。”“法院始终不能享有独立及最终解释法律的权力，其在执行法律的权威上亦会受到影响。”她更富有前瞻性地提出“设立一套独立的行政法院系统”的改革方案，认为“中国的决策层必须要有这样的决心，‘民告官’的制度才得以充分发挥”。

另有一得是三联书店二〇〇九印行的非卖品《小丁与三联书店》。之前在《永远的小丁》一书中就听闻过这本册子，不意竟在这里斩获了。书里收有小丁和夏衍、曹禺、吴祖光、阳翰生、叶以群、周而复、张骏祥、沈宁、白杨、张瑞芳等香港文化界朋友一九四九年初在浅水湾萧红墓前的合影。怀揣两本书走出店门时，心想，回到内地，所买还是充满香港味道，如此这般，真好似香港淘书的余韵。

午后，飞机腾空北上。

二〇一三年十一月十六日

图书在版编目(CIP)数据

香港寻书 / 李广宇著. —北京:法律出版社,2014.4(2014.5 重印)
ISBN 978 -7 -5118 -6209 -9

Ⅰ. ①香… Ⅱ. ①李… Ⅲ. ①书店—介绍—香港
②法律—文化—研究—香港 Ⅳ. ①G239.276.58
②D927.658.02

中国版本图书馆 CIP 数据核字(2014)第 053665 号

香港寻书

著　　者:李广宇
责任编辑:王旭坤
装帧设计:乔智炜
特约审校:李淑霞
责任印制:沙　磊

出　　版	法律出版社/北京市丰台区莲花池西里 7 号(100073) http://www.lawpress.com.cn/
编辑统筹	法律职业教育出版分社
经　　销	新华书店
总 发 行	中国法律图书有限公司 http://www.chinalawbook.com/ 第一法律书店(010 -63939781/9782)　西安(029 -85388843) 重庆(023 -65382816/2908)　上海(021 -62071010/1636) 北京(010 -62534456)　深圳(0755 -83072995)
销售专线	010 -63939806/9830
数据支持	法律门 http://www.falvmen.com.cn/

开　　本	787 毫米 ×1092 毫米　1/32
印　　张	8.625
字　　数	112 千
版　　本	2014 年 4 月第 1 版
印　　次	2014 年 5 月第 2 次印刷
印　　刷	北京中科印刷有限公司
书　　号	ISBN 978 -7 -5118 -6209 -9
定　　价	39.00 元